WEBER'S™

Seafood

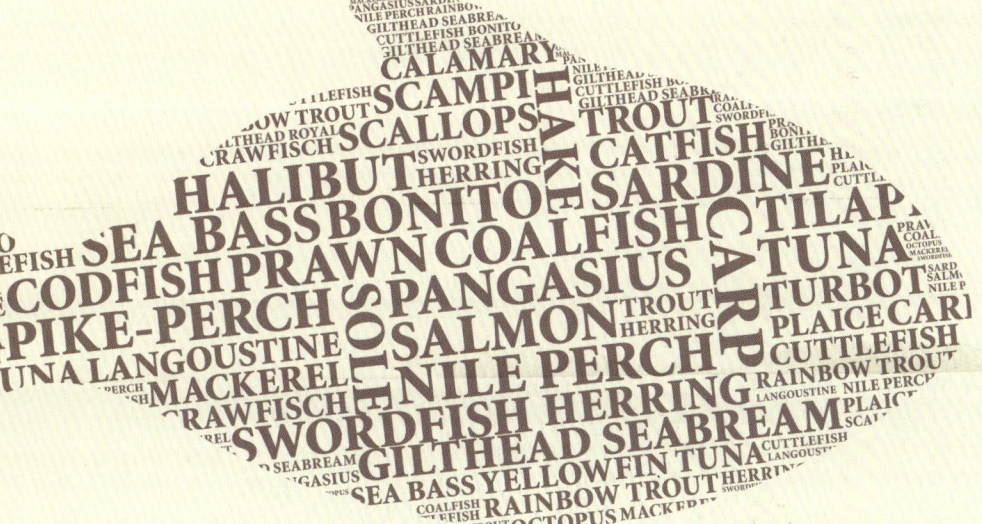

von Jamie Purviance

Fotos von Tim Turner

WEBER'S: **SEAFOOD**

Inhalt

Forellen in einer Plastiktüte zu würzen, das was war ein kleiner Kniff, den meine Familie auf unseren Campingausflügen benutzte, damit wir Fisch zubereiten konnten, ohne rundherum alles zu verschmutzen. Die Forelle kam mit Salz, Pfeffer, etwas Öl und ein wenig Paprikapulver in einen Gefrierbeutel. Ich legte den oberen Rand des Beutels zweimal um und drehte den Beutel in alle Richtungen, während mein Vater Feuer machte und den Grill anwarf. Zu Hause wurde nie so gekocht, nur auf Campingausflügen. Es war also etwas Besonderes für uns und brachte mich meiner Familie näher – ganz besonders meinem Vater. Damals zeigte er mir, wie man ein lang anhaltendes Feuer entfacht und woran man erkennt, wann der Fisch gewendet werden muss, damit man ihn später herrlich knusprig servieren kann. Mit meiner Familie zusammen zu sein, während die Abendsonne sich im See spiegelte und der Duft von brutzelndem Fisch durch die Luft zog – das war für mich wunderschön.

Die leicht geschwärzte Haut und die rauchige Note bekommt man im Backofen so nicht hin – das können Sie mir glauben, ich habe es ausprobiert. Außerdem spricht auch der hartnäckige Geruch, der danach in den Räumen hängt, dagegen, Fisch im Haus zuzubereiten. Eines meiner neuen Lieblingsrezepte ist das für gegrillte Sardinen, die mit Tomaten, Oliven, Paprika und Kapern angerichtet werden (Seite 18). Ein schnelles, gesundes und absolut köstliches Essen. Für Freunde mache ich gern einen großen Salat mit Garnelen, Mais und Avocados, der mit einer scharfen Limetten-Vinaigrette serviert wird (Seite 80). Manchmal gare ich auch Meeresfrüchte in einem Topf oder einer Pfanne direkt auf dem Grill – wie die gedämpften Miesmuscheln mit Schalotten und Estragon-Butter (Seite 104). Und, ja, ich grille immer noch gern Forellen; allerdings bringe ich jetzt meinen Kindern bei, wie's geht.

In diesem Buch verrate ich Ihnen, wie man unterschiedlichste Fische und Meeresfrüchte – darunter einige, die Sie vielleicht noch nie auf dem Grill hatten, etwa Seesaibling, Wolfsbarsch oder Austern – zubereitet und grillt. Sie erfahren auch andere wesentliche Dinge, beispielsweise, wie man verhindert, dass Fisch am Grillrost kleben bleibt und wie er saftig und lecker bleibt, obwohl er der trockenen Hitze des Grills ausgesetzt ist. Ich habe mich von Aromen aus der ganzen Welt inspirieren lassen, dabei aber immer im Blick behalten, dass alles möglichst einfach in der Zubereitung sein sollte. Die meisten Rezepte sind für den Alltag gedacht, doch es sind auch welche dabei, mit denen Sie richtig Eindruck machen können: Versuchen Sie doch mal die Paella mit Fisch und Meeresfrüchten von Seite 102.

Im vorderen Teil des Buches finden Sie Informationen darüber, welche Fische nachhaltig gefangen werden und wie Sie sie beim Einkauf erkennen. Auch das Vorbereiten von Fischen und Meeresfrüchten wird hier erklärt. Über diverses Zubehör steht dort ebenfalls einiges, etwa wie man eine Grillpfanne benutzt (sie macht das Zubereiten von Beilagen zum Kinderspiel). Der hintere Teil enthält viele Rezepte für ausgezeichnete Beilagen, die nicht unbedingt gegrillt werden, aber hervorragend zu Fisch und Meeresfrüchten vom Grill passen. Die Bamberger Hörnchen mit Meersalz und Thymian (Seite 119), der Krautsalat mit Meerrettich und Mohn (Seite 123) sowie die Grünen Bohnen mit Ingwerbutter (Seite 115) sind einen Versuch unbedingt wert.

Seit Urzeiten werden Fisch und Meeresfrüchte gegrillt – nach wie vor ist es meines Erachtens auch die allerbeste Garmethode. Den Grill vorzubereiten hat etwas ganz Eigenes. Sobald klar ist, dass draußen gegrillt wird, macht sich eine gewisse Vorfreude breit, die sicher damit zu tun hat, dass über echtem Feuer gekocht wird. Das gemeinsame Essen ist nicht mehr reine Routine, sondern wird zu einem verbindenden Ereignis. Schenken Sie also ein paar Drinks für sich und Ihre Gäste ein, machen Sie den Grill startklar, und genießen Sie Seafood frisch vom Grill.

Jamie Purviance

Grundlagen des Grillens

WORAUF MAN BEIM KAUF VON FISCH ACHTEN SOLLTE

Natürlich soll er frisch sein. Doch woran erkennt man das?

WAS HAT SAISON?

Wenn ein Fisch gerade Saison hat, stehen die Chancen gut, dass Ihr Fischhändler fangfrische Tiere dieser Art anbietet. Falls möglich, rufen Sie ihn rechtzeitig an und fragen, was heute besonders gut ist. Meist lässt sich eine im Rezept genannte Fischart ohne weiteres durch eine andere ersetzen.

KAUFEN, WAS GEFÄLLT

Fischhändler verbringen Stunden damit, ihre Auslagen immer wieder umzugestalten, damit jedes Stück Fisch glänzt. Denken Sie beim Einkaufen daran, dass Sie der Kunde sind. Fragen Sie nach dem, was Sie wollen, auch wenn es nicht in der Auslage liegt. Der Händler schneidet Ihnen die Ware sicher gern nach Ihren Bedürfnissen zurecht, etwa ein ganz bestimmtes Stück aus einem großen Filet, so groß und so dick, wie Sie es brauchen (und er ist auch Meister im schnellen Häuten).

DEN RICHTIGEN FISCH AUSWÄHLEN

Es ist eine schöne Vorstellung, dass der Fisch erst am Vortag irgendwo im Meer, vielleicht weit entfernt, gefangen worden ist. Aber auch aufgetauter Tiefkühlfisch, wie ihn viele Lebensmittelgeschäfte anbieten, ist oft von hervorragender Qualität. Häufig wird die Ware auf speziell dafür ausgestatteten Schiffen bereits Minuten nach dem Fang schockgefroren; so bleibt der Geschmack erhalten. Frischer Fisch ist etwas Feines; doch auch aufgetauter Tiefkühlfisch kann eine gute Wahl sein – vorausgesetzt, das Auftauen ist nicht zu lange her.

FISCH AUS AQUAKULTUR

Er ist zwar das ganze Jahr über erhältlich, doch Aquakultur ist nicht immer so umweltfreundlich, wie wir meinen. Greifen Sie bevorzugt zu Schaltieren und Süßwasserfischen aus heimischer Zucht. Fischfarmen im Ozean werden oft mit Umweltproblemen in Verbindung gebracht. Der Kauf von Meeresfisch aus Aquakultur ist Vertrauenssache – viele Regierungen nehmen es mit dem Naturschutz bei Fischfarmen nicht sehr genau.

NACHHALTIG ESSEN

Dass Nachhaltigkeit in Sachen Fisch ein Thema ist, wissen Sie. Seit wir mehr über die gesundheitsfördernde Wirkung von Meeresfisch wissen, beuten wir die Fischbestände der Ozeane aus, mit Fangmethoden, die alles andere als umweltfreundlich sind. Berücksichtigen Sie daher zwei Dinge. Erstens: Kaufen Sie Ware aus zertifizierter nachhaltiger Fischerei. Zweitens: Verzichten Sie auf gefährdeten und exotischen Fisch. Die Empfehlung, ein- bis zweimal in der Woche Seefisch zu essen, gilt aber weiterhin.

Mehr Informationen zum Thema sowie einen Einkaufsratgeber finden Sie auf der Webside des World Wildlife Funds unter http://www.wwf.de/themen/meere-kuesten/.

DARAN ERKENNT MAN FRISCHEN FISCH

FESTES FLEISCH

Frischer Fisch sollte festes, glänzendes Fleisch haben, und auf Fingerdruck sollte keine Delle zurückbleiben. Fisch, der zusammenfällt oder Farbveränderungen aufweist, sollten Sie liegen lassen.

ANGENEHMER GERUCH

Hochwertiger Fisch sollte angenehm nach Meer und keinesfalls nach Fisch riechen.

GLÄNZENDE AUGEN

Achten Sie bei ganzen Fischen auf klare, glänzende Augen. Kaufen Sie keinen Fisch, der trübe Augen hat – er hat seine beste Zeit hinter sich.

GLATTE SCHUPPEN

Bei ganzen Fischen sollte das Schuppenkleid glatt und unbeschädigt sein. Löcher oder Risse können Hinweise auf unsachgemäße Behandlung oder hohes Alter sein.

Grundlagen des Grillens

WISSENSWERTES ÜBER SEAFOOD

Wissen zu wollen, wie ein Fisch sich über der Hitze des Grills verändert, ist in etwa so, wie wissen zu wollen, wie ein Mensch sich in Ausnahmesituationen verhält: Der eine legt eine tadellose Vorstellung hin, der andere wird nervös, und mancher bricht einfach zusammen. Lesen Sie hier, was Sie von einigen meiner Favoriten erwarten können.

FISCHE

THUNFISCH. Seine festfleischigen Steaks sind ideal zum Grillen, nicht nur, weil sie über direkter starker Hitze außen braun werden, während sie innen saftig bleiben, sondern auch, weil sie beim Wenden nicht auseinanderfallen.

SCHWERTFISCH. Schmeckt fast wie Kalbfleisch. Während man die Haut von fast jedem Fisch essen kann, sollte man die vom Schwertfisch liegenlassen.

HEILBUTT. Ein riesiger Fisch, der im Frühjahr und Frühsommer gefangen wird. Sein Fleisch behält beim Grillen die Form, den milden Geschmack mag fast jeder.

SEESAIBLING. Wird oft im Landesinneren in Aquakultur gezüchtet. Der Fisch sieht aus wie eine große, rosige Forelle, sein Geschmack wird oft Lachs verglichen.

SARDINEN. Sind sehr nährstoffreich; die Garzeit muss der jeweiligen Größe angepasst werden.

KABELJAU. Sein süßliches, zartes Fleisch schmeckt gegrillt einfach wunderbar, ist aber nicht ganz ein-fach zuzubereiten. Lassen Sie es in Ruhe, sobald es auf dem Rost liegt – Herumstochern mag es gar nicht.

WOLFSBARSCH. Er lässt sich gut im Ganzen grillen und eignet sich als Schaustück für ein festliches Essen. In einem Fischkorb lässt er sich besonders leicht auf dem Grill wenden.

FORELLE. Nicht gefährdet, preiswert und köstlich. Das Fleisch ist kompakt, die Haut widerstandsfähig, und beides geht beim Grillen nicht kaputt. Vor dem Wenden muss die Haut kräftige Grillmarken bekommen haben, sonst bleibt sie am Rost haften.

MEERESFRÜCHTE

GARNELEN. Brauchen pro Seite nur wenige Minuten über direkter starker Hitze gegrillt zu werden. Danach sind sie vielseitig zu verwenden: für Tacos, Pastagerichte oder Salate; zu Reis, Polenta oder nur zu Gemüse. Bei den meisten im Handel befindlichen Garnelen handelt es sich um aufgetaute Ware. Diese Garnelen müssen vor dem Grillen sorgfältig trocken getupft werden, sonst kleben sie am Grillrost fest.

JAKOBSMUSCHELN. Gegartes Jakobsmuschelfleisch ist üblicherweise eins von beiden: schön gebräunt, zart und in der Mitte noch glasig oder übergart und gummiartig. Um letzteres zu vermeiden, den Grill immer gründlich vorheizen und das Muschelfleisch vor dem Grillen trocken tupfen. Dann bekommen die Muscheln attraktive Grillstreifen – mehr braucht eine Jakobsmuschel eigentlich auch nicht.

VENUSMUSCHELN. Legt man Venusmuscheln über Hitze, kocht die in ihnen enthaltene Flüssigkeit. Der Dampf übt von innen Druck auf die Schalen aus und sorgt dafür, dass sie sich öffnen. Das funktioniert auf dem Grill genauso gut wie auf dem Herd. Voraussetzung ist

allerdings dabei, dass die Muscheln in einem Gefäß liegen, beispielsweise einer Gusseisenpfanne oder einem Grill-Wok, das die Flüssigkeit auffängt. Die Pfanne bzw. den Wok (oder einfach den Grill) während des Garens schließen. Zum Säubern die Muscheln unter fließendem kaltem Wasser abbürsten und dann für eine Stunde in kaltes Salzwasser legen, um Sand und Verunreinigungen zu lösen.

MIESMUSCHELN. Sie eignen sich wie Venusmuscheln gut für den Grill, sie dürfen nur nicht übergart werden. Muscheln, die am Ende der Garzeit noch geschlossen sind, aussortieren und wegwerfen; würde man sie länger kochen, werden die bereits geöffneten trocken. Auch Miesmuscheln müssen in einem Gefäß (Gusseisenpfanne oder Grill-Wok) gegart werden. Zum Putzen der Muscheln den Bart jeweils mit Daumen und Zeigefinger greifen und mit einem Ruck entlang der Muschel abreißen.

TASCHENKREBSE. Kann man auf mindestens zweierlei Weise grillen: die rohen Beine direkt auf den Rost legen oder in Stücke brechen und in einer Gusseisenpfanne oder im Grill-Wok auf dem Rost garen.

FISCH RICHTIG GRILLEN – SIEBEN WISSENSWERTE DINGE

EINS: ÜBUNG MACHT DEN MEISTER

Mancher, der grillt, empfindet Fischfilets und -steaks als größte Herausforderung. Jedem ist es schon passiert, dass der Fisch am Grillrost festklebte und beim Herunternehmen in seine Bestandteile zerfiel. Größer sind Ihre Erfolgschancen, wenn Sie zuerst mit festfleischigem Fisch üben, insbesondere solchem mit höherem Fettgehalt wie Lachs, Schwert- und Thunfisch.

ZWEI: NICHT ÜBERTREIBEN

Fisch und Meeresfrüchten fehlen die Muskelstruktur und die Festigkeit, die die meisten Vierbeiner aufweisen. Deshalb brauchen Marinaden nicht lange, um die Struktur von Fischfilets und -steaks zu zerstören. Marinieren Sie Fisch daher nur wenige Stunden, sonst wird er matschig. Und, ganz wichtig: Übergaren Sie ihn nicht.

DREI: ANHAFTEN VERHINDERN

Öl wirkt als Barriere zwischen dem Fisch und dem Grillrost; verzichten Sie also nicht darauf. Mit einem guten Pinsel ist es ganz einfach, das Öl in all die Ritzen und Vertiefungen auf dem Fischfleisch zu verteilen – fetten Sie jedoch nie den Grillrost. Fangen Sie immer mit trockenem Seafood an (feuchtes dampft und haftet an), und reinigen Sie, bevor Sie zu grillen beginnen, gründlich den Grillrost, sobald er heiß ist.

VIER: DECKEL ZU

Der Grill gart auf zweierlei Art: Das Feuer unten erhitzt den Rost, doch auch die Luft innerhalb des Grills, sodass er wie ein Backofen funktioniert. Lassen Sie also den Grill möglichst immer geschlossen, genauso wie Sie auch die Backofentür geschlossen halten.

FÜNF: EINMAL WENDEN

Da Fisch (wie die meisten proteinhaltigen Nachrungsmittel) nicht bewegt werden sollte, bis er gar ist, empfiehlt es sich, ihn nur einmal zu wenden – Spieße können Sie zweimal wenden. Wird Fisch zu oft gewendet, fällt er auseinander.

SECHS: DAS FEUER SCHÜREN

Keine Angst vor starker Hitze. Sie sorgt für eine feine Kruste auf der Fischoberfläche und dafür, dass der Fisch sich leicht vom Rost heben lässt. Je dünner Fischfilets oder -steaks sind, desto stärker sollte die Hitze sein.

SIEBEN: SCHNELLES FINISH

Grillen Sie die erste Seite länger als die zweite. So erzielen Sie mit Sicherheit eine schöne Kruste auf der einen Seite. Und wenn der Grill geschlossen ist – was er ja immer sein sollte –, gart die zweite Seite schon, während die erste noch auf dem Rost liegt.

DIE 70:30-REGEL

Eine Möglichkeit, das Anhaften zu verhindern, ist, die Filets etwa 70 Prozent der Zeit mit den Fleischseiten nach unten zu grillen.

Die Filets mit der Grillzange wenden, sobald sie sich vom Rost lösen lassen, dann in den restlichen 30 Prozent der Zeit fertig grillen.

Eine Fischpalette zwischen Fleisch und Haut schieben und die Filets (ohne die Haut) vom Rost heben.

GARNELEN UND JAKOBSMUSCHELN VORBEREITEN

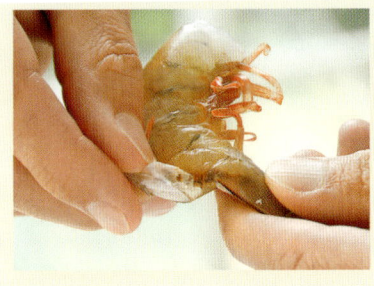

Zum Schälen der Garnele den Panzer über dem Schwanz greifen und aufbrechen. Anschließend Panzer und Beine abziehen.

Den Rücken der Garnele mit einem spitzen Messer einritzen. Den schwarzen Faden, das ist der Darm, herausziehen und wegwerfen.

Vor dem Grillen den kleinen festen seitlichen Muskel vom Jakobsmuschelfleisch abschneiden.

Grundlagen des Grillens

DER RICHTIGE UMGANG MIT DEM GRILL

DIREKTE UND INDIREKTE HITZE

Das sind die klassischen Grillmethoden auf dem Gas- oder Holzkohlegrill. Bei direkter Hitze liegt das Grillgut über den Brennern oder der Kohle. Weil Fisch und Meeresfrüchte schnell gar sind, grillen wir diese meistens über direkter Hitze.

Bei indirekter Hitze liegt das Grillgut über dem Teil des Grillrosts, der nicht direkt der Hitze ausgesetzt ist. Diese Methode ist ideal für ganzen Fisch oder zum Warmhalten, z.B. von großen Fischfilets, während anderes Grillgut gart.

DEN HOLZKOHLEGRILL VORBEREITEN

Die meisten haben hierbei ein Grundproblem: Wie viel Kohle brauche ich dafür? Allgemein kann man sagen: so viel, dass die Kohle in einer Lage liegt und etwas mehr als die Hälfte des Kohlerosts am Grillboden bedeckt.

Am einfachsten lässt sich die Kohle in einem Anzündkamin anzünden: bis zum Rand Holzkohle einfüllen, anzünden und brennen lassen, bis die Stücke mit einer leichten Ascheschicht überzogen sind. Die glimmenden Stücke auf den Kohlerost

schütten und so verteilen, dass sie die Hälfte bis zwei Drittel des Rosts in einer Lage bedecken. (Wenn der Rost teilweise frei bleibt, hat man die so genannte Zwei-Zonen-Glut, und damit die Möglichkeit, über direkter und indirekter Hitze zu grillen). Den Grillrost einsetzen, den Deckel schließen, die Lüftungsschieber öffnen und warten, bis im Grill die gewünschte Hitze herrscht. Den heißen Grillrost immer vor dem Grillen mit der Bürste säubern.

DEN GASGRILL VORBEREITEN

Die Bedienung eines Gasgrills ist unkompliziert, variiert allerdings von Modell zu Modell. Daher sollten Sie stets die Gebrauchsanleitung des Herstellers lesen. Dann zum Anzünden eines Gasgrills zunächst den Deckel öffnen, damit sich kein ausströmendes Gas im Grillraum sammeln kann. Anschließend das Ventil der Gaszufuhr öffnen und einige Minuten warten, bis das Gas in die Leitungen strömt. Nun die Brenner auf höchster Stufe anzünden. Den Deckel schließen und den Grill 10–15 Min. vorheizen. Danach alle Brenner auf die gewünschte Hitze einstellen.

Durch Ausschalten eines oder mehrerer Brenner kann praktisch sofort von direkter zu indirekter Hitze gewechselt werden. Verfügt ein Gasgrill nur über zwei Brenner, sollten Sie den hinteren ausschalten. Hat der Grill mehr als zwei Brenner, schalten Sie die mittleren aus. Die Brenner, die angeschaltet bleiben, können je nach Bedarf auf hoch, mittel oder niedrig gestellt werden. Wenn das Grillgut also über einem nicht eingeschalteten Brenner liegt und der Deckel geschlossen ist, grillen Sie mit indirekter Hitze.

EINE GRILLPFANNE VERWENDEN

Eine Grillpfanne sieht aus wie ein großes hohes Backblech mit gelochtem Boden. Darin können Sie auf dem Grill kleinformatige Zutaten garen, die sonst durch den Rost fallen würden, zum Beispiel grüne Bohnen, Brokkoli, Tomaten oder kleine Garnelen. Die Grillpfanne wie den Grillrost immer vorheizen.

EINEN GRILLKORB VERWENDEN

Zusammenklappbare Fischkörbe aus Metall oder Metallgeflecht erleichtern das Grillen – und besonders das Wenden – von kleinen Fischen wie Forellen oder Sardinen um einiges. Den Grillkorb (und Fische) einölen, die Fische hineinlegen und den Korb schließen. Zum Wenden und Herunternehmen Grillhandschuhe tragen!

EINE GUSSEISEN-PFANNE VERWENDEN

Pfannen aus Gusseisen eignen sich für den Grill genauso gut wie für den Herd. Heizen Sie sie immer vor, bevor die Zutaten hineingegeben werden. Vor dem Reinigen komplett auskühlen lassen.

Grundlagen des Grillens

UNVERZICHTBARE GRILLHELFER

GRILLBÜRSTE

Damit reinigt man den Rost vor dem Grillen und auch währenddessen. Wählen Sie ein stabiles Modell mit langem Stiel und Borsten aus rostfreiem Stahldraht.

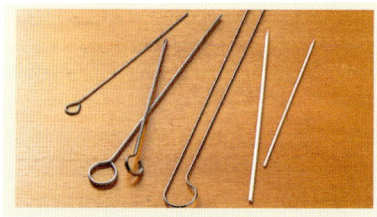

METALL- UND HOLZSPIESSE

Wenn Sie die Zutaten auf Spieße stecken, müssen Sie nicht jedes Teil einzeln umdrehen. Ob Sie Metall- oder Holzspieße verwenden, ist egal. Metallspieße sind jedoch etwas praktischer, weil sie vor dem Grillen nicht gewässert werden müssen. Flache Spieße haben den Vorteil, dass das Grillgut sich darauf beim Wenden nicht dreht. Das gewährleisten auch die Doppelspieße.

BACKBLECH

Als tragbare Arbeitsfläche, auf der man Grillgut ölen und würzen kann, bietet sich ein Backblech ebenso an wie als Zwischenstation für alles, was gerade vom Grillrost genommen wird.

GRILLZANGE

Das mit Abstand meistgebrauchte Zubehör. Man sollte drei Grillzangen parat haben: eine für die Handhabung von rohem Fisch, eine für gegartes Grillgut und eine dritte zum Umplatzieren von Holzkohle.

GRILLPFANNE

Zum Grillen kleiner Stücke wie Champignons und Cocktailtomaten, die sonst leicht durch den Rost rutschen würden, ein überaus praktisches Utensil. Die Pfanne immer kräftig vorheizen.

GRILLHANDSCHUHE

Sie schützen Hände und Unterarme, wenn man glühende Kohle umplatziert oder im hinteren Bereich eines glühenden Grills hantiert.

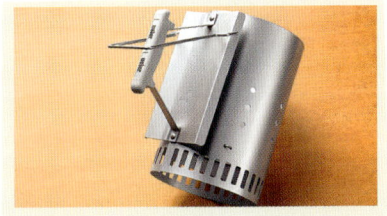

ANZÜNDKAMIN

Mit ihm bringt man mühelos und schneller als mit jeder Anzündflüssigkeit Holzkohle und Grillbriketts gleichmäßig zum Glühen. Er sollte ein Fassungsvermögen von mindestens 5 Litern haben.

GRILLWENDER

Zum Wenden sind sie eine ebenbürtige Alternative zur Grillzange. Besonders zu empfehlen sind langstielige Modelle, deren Hebefläche dank eines Knicks tiefer liegt.

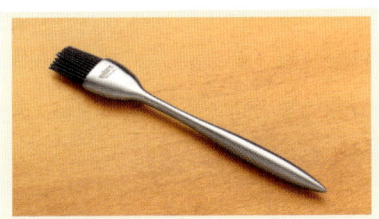

PINSEL

Ein Pinsel ist äußerst nützlich, um Fisch mit Öl oder auch mit einer Glasur oder Sauce zu bestreichen. Moderne Ausführungen aus Edelstahl mit Silikonborsten sind spülmaschinenfest.

TIMER

Fisch ist auf dem Grill oft schneller gar, als man denkt. Schon ein paar Minuten zu viel können ihn ruinieren. Legen Sie sich deshalb einen Timer zu. Die besten Modelle haben extragroße Ziffer, einen unüberhörbaren Alarmton, und die Zeit lässt sich sowohl vorwärts als auch rückwärts einstellen.

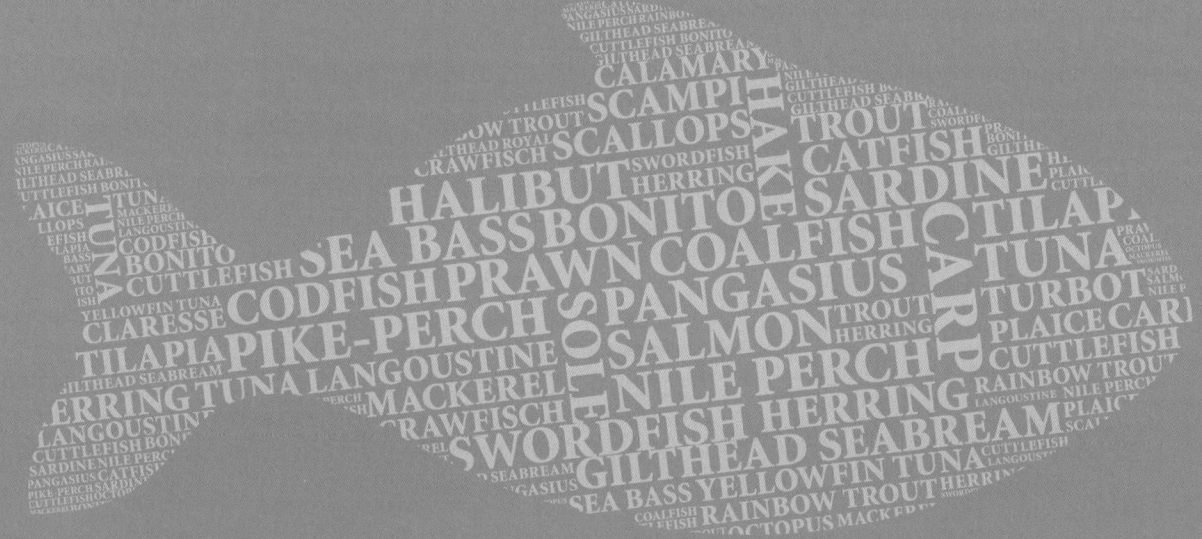

16

GANZER FISCH

FISCHFILETS & -SPIESSE

MEERESFRÜCHTE

GEGRILLTE SARDINEN
MIT PAPRIKA-TOMATEN-GEMÜSE

VORBEREITUNGSZEIT: 5 Min.
GRILLZEIT: 8–10 Min.
ZUBEHÖR: Gusseisenpfanne (30 cm Ø)

3 EL Olivenöl
1 Zwiebel, fein gewürfelt
2 grüne Paprikaschoten, klein gewürfelt
1–2 Jalapeño-Chilischoten,
    von den Samen befreit, fein gehackt
2 TL fein gehackter Knoblauch
½ TL getrockneter Oregano
½ TL grobes Meersalz
½ TL frisch gemahlener schwarzer Pfeffer
800 g vollreife Tomaten, grob gewürfelt
50 g entsteinte grüne Oliven, grob zerkleinert
3 EL sehr kleine Kapern (Nonpareilles),
    abgetropft
2 EL fein gehacktes Koriandergrün

8 kleine küchenfertige Sardinen (etwa 1 kg),
    trocken getupft

1. Den Grill für direkte und indirekte mittlere Hitze (175–230 °C) vorbereiten (siehe Seite 12–13).

2. Den Grillrost mit der Bürste säubern. Die Pfanne über *direkte mittlere Hitze* stellen und in 3 Min. heiß werden lassen. 2 EL Öl sowie Zwiebel- und Paprikawürfel, Chilis, Knoblauch, Oregano sowie ¼ TL Salz und ¼ TL Pfeffer hineingeben und alles verrühren. 5 Min. braten, bis die Paprikawürfel weich sind, dabei ein- bis zweimal umrühren. Tomaten, Oliven und Kapern hinzufügen und das Ganze unter gelegentlichem Rühren etwa 10 Min. weitergaren, bis die Tomaten zu zerfallen beginnen. Den Grilldeckel dabei so oft wie möglich geschlossen lassen. Das Koriandergrün untermischen und die Pfanne zum Warmhalten über indirekte Hitze stellen.

3. Die Sardinen auf beiden Seiten dünn mit dem restlichen EL Öl bestreichen und gleichmäßig mit dem restlichen ¼ TL Pfeffer bestreuen.

4. Die Fische bei geschlossenem Deckel über *direkter mittlerer Hitze* 3–5 Min. grillen, bis sie sich mit der Grillzange vom Rost heben lassen, ohne daran hängenzubleiben. Die Sardinen wenden und weitere 2–3 Min. grillen, bis das Fleisch an der Mittelgräte weiß ist; vom Grill nehmen.

5. Das Gemüse auf Teller verteilen und die Sardinen darauf anrichten; sofort servieren.

FÜR 4–6 PERSONEN

MAKRELEN
MIT ANANAS-MANGO-SALSA

Für die Salsa

150 g Ananasfruchtfleisch, in 2–3 cm große
    Würfel geschnitten
200 g Mangofruchtfleisch, in 2–3 cm große
    Würfel geschnitten
5 EL fein gehackte Frühlingszwiebeln
    (nur die weißen und hellgrünen Teile)
2 EL Honig oder Agavendicksaft/-sirup
1 EL frisch geriebener Ingwer

Für die Vinaigrette

5 EL Öl
1½ TL abgeriebene Schale von 1 Bio-Zitrone
50 ml Zitronensaft
1 TL Honig oder Agavendicksaft/-sirup
1 TL Cajun-Gewürzmischung
1 TL frisch geriebener Ingwer

grobes Meersalz
frisch gemahlener schwarzer Pfeffer

4 Makrelen (je etwa 400 g), ausgenommen,
    geputzt und abgespült
3 EL Öl
1 EL Cajun-Gewürzmischung
12 dünne Bio-Limettenscheiben

1. Die Zutaten für die Salsa in einer Schüssel verrühren.

2. Für die Vinaigrette Öl, Zitronenschale, Zitronensaft, Honig bzw. Agavendicksaft und Gewürzmischung in einer kleinen Schüssel mit ¾ TL Salz und ½ TL Pfeffer verquirlen. 3 EL Vinaigrette unter die Salsa mischen. Die Salsa mit Salz und Pfeffer abschmecken, dann zudecken und kalt stellen. Den Ingwer zur restlichen Vinaigrette geben und die Vinaigrette bei Raumtemperatur beiseitestellen.

3. Den Grill für direkte starke Hitze (230–290 °C) vorbereiten (siehe Seite 6–7).

4. Die Makrelen auf beiden Seiten dreimal schräg etwa 1 cm tief einschneiden. Das Öl in einer kleinen Schüssel mit der Gewürzmischung, 1 TL Salz und ½ TL Pfeffer verquirlen. Die Makrelen innen und außen mit dem Würzöl einreiben, das Öl dabei in die Einschnitte drücken. In die Bauchhöhle von jedem Fisch 3 Limettenscheiben geben.

5. Den Grillrost mit der Bürste säubern. Die Makrelen bei geschlossenem Deckel über **direkter starker Hitze** 6–7 Min. grillen, bis sie durchgegart und außen schön gebräunt sind, dabei einmal wenden. Die Fische auf Tellern anrichten, mit der Vinaigrette beträufeln und sofort mit der Ananas-Mango-Salsa servieren.

FÜR 4 PERSONEN

GLASIERTER BONITO
MIT KRÄUTERSALAT

VORBEREITUNGSZEIT: 30 Min.
MARINIERZEIT: 30 Min.
GRILLZEIT: 18–22 Min.

1 küchenfertiger Bonito (etwa 1,5 kg),
  abgespült und trocken getupft

Für die Marinade

125 ml Ahornsirup
75 ml Sojasauce
2 EL Öl
2 EL Limettensaft
1½ EL fein gehackter Knoblauch
1 TL gehackte Chipotle-Schote in Adobo-
  Sauce (getrocknete, geräucherte Jalapeño-
  Chilis aus der Dose)
1 TL Adobo-Sauce (aus der Dose mit den
  Chilis)

Für den Salat

40 g Petersilienblätter
40 g Basilikumblätter
50 g Minzeblätter
50 g Korianderblätter

grobes Meersalz
frisch gemahlener schwarzer Pfeffer
5 Frühlingszwiebeln (nur die weißen und
  hellgrünen Teile), 3 in etwa 10 cm lange
  Stücke, 2 schräg in dünne Ringe geschnitten
1 Stück frischer Ingwer (etwa 2,5 x 5 cm),
  in streichholzdünne Streifen geschnitten

1. Ein Backblech mit Alufolie bedecken und den Fisch darauflegen. Den Fisch auf beiden Seiten viermal bis zu den Gräten (etwa 2 cm tief und 7 cm lang) einschneiden.

2. Die Zutaten für die Marinade in einer Schüssel verquirlen. 2 EL Marinade in eine kleine Schüssel geben und für den Salat beiseitestellen. In einer zweiten Schüssel die Salatzutaten mischen; zudecken und kalt stellen. 3 EL Marinade in die Bauchhöhle und die Einschnitte des Fischs geben. Den Fisch in der herausgelaufenen Marinade wenden; innen und außen salzen und pfeffern. Die langen Frühlingszwiebelstücke und den Ingwer in die Bauchhöhle des Fischs geben und den Fisch bei Raumtemperatur 30 Min. marinieren.

3. Den Grill für direkte starke (230–290 °C) und mittlere (175–230 °C) Hitze vorbereiten (siehe Seite 12–13).

4. Die restliche Marinade in einem kleinen Topf bei mittlerer bis schwacher Hitze aufkochen und auf etwa 100 ml einkochen lassen.

5. Den Grillrost mit der Bürste säubern. Den Fisch bei geschlossenem Deckel über *direkter starker Hitze* 10 Min. grillen, dabei einmal wenden. Anschließend über *direkte mittlere Hitze* legen und weitere 8–12 Min. grillen, bis er knapp durchgegart ist, dabei einmal wenden und mit etwas eingekochter Marinade bestreichen. Den Fisch auf eine Servierplatte legen und mit der restlichen Marinade beträufeln. Die Salatkräuter mit der beiseitegestellten Marinade anmachen und um den Fisch verteilen; sofort servieren.

FÜR 4 PERSONEN

GANZE FORELLEN
MIT ROSMARIN-ZITRONEN-BUTTER

VORBEREITUNGSZEIT: 15 Min.
GRILLZEIT: 8–12 Min.

2 küchenfertige Forellen (je etwa 350 g)
1 EL Olivenöl
grobes Meersalz
¼ TL frisch gemahlener schwarzer Pfeffer
2 TL fein gehackter Knoblauch
6 Zweige Rosmarin (je etwa 10 cm lang)

Für die Butter
50 g Butter
2 EL Zitronensaft
1 EL fein gehackter Rosmarin

1. Den Grill für direkte mittlere Hitze (175–230 °C) vorbereiten (siehe Seite 12–13).

2. Die Forellen auf beiden Seiten dünn mit dem Öl bestreichen und innen und außen mit Salz und Pfeffer würzen. Den Knoblauch und jeweils 3 Rosmarinzweige in die Fische geben.

3. Den Grillrost mit der Bürste säubern. Die Forellen bei geschlossenem Deckel über *direkter mittlerer Hitze* 8–12 Min. grillen, bis sie kräftig gebräunt sind, dabei einmal wenden, sobald sie sich leicht vom Rost lösen lassen; dabei sollte die Haut nicht verletzt werden.

4. In der Zwischenzeit die Butter in einem kleinen Topf bei schwacher Hitze mit Zitronensaft und gehacktem Rosmarin zerlassen; abkühlen lassen und mit Salz und Pfeffer würzen. Die Forellen vom Grill nehmen und heiß mit der Rosmarin-Zitronen-Butter servieren.

FÜR 2–4 PERSONEN

22

WOLFSBARSCH
MIT FENCHELSALZ, FENCHEL, ZWIEBEL UND ORANGEN

VORBEREITUNGSZEIT: 40 Min.
GRILLZEIT: etwa 14 Min.
ZUBEHÖR: Gewürzmühle oder Mörser;
gelochte Grillpfanne

1½ EL Fenchelsamen
grobes Meersalz

4 Bio-Orangen (Navel)
125 ml und 5 EL Olivenöl
1 EL Balsamico bianco
frisch gemahlener schwarzer Pfeffer

4 küchenfertige Wolfsbarsche (je etwa 500 g
    schwer), Köpfe entfernt, entgrätet,
    aufgeklappt und so etwa 2 cm dick
500 g Fenchelknollen
500 g rote Zwiebeln

1. Die Fenchelsamen in einer kleinen Pfanne bei schwacher bis mittlerer Hitze etwa 2 Min. unter Rühren hell rösten, bis sie duften. Vom Herd nehmen und etwas abkühlen lassen, dann in der Gewürzmühle fein mahlen. In eine kleine Schüssel geben und mit 1½ TL Salz mischen. Das Fenchelsalz beiseitestellen.

2. Von einer Orange etwa 3 TL Schale abreiben; beiseitestellen. Aus der abgeriebenen Orange etwa 75 ml Saft auspressen. Den Saft mit 125 ml Öl, dem Essig, ¼ TL Salz und ¼ TL Pfeffer verquirlen. Die restlichen Orangen so dick schälen, dass auch die weiße Haut entfernt wird. Über einer Schüssel die Filets zwischen den Trennhäuten aus den Orangen schneiden, die Filets dabei in die Schüssel fallen lassen.

3. Den Grill für direkte mittlere Hitze (175–230 °C) vorbereiten (siehe Seite 12–13) und die Grillpfane vorheizen.

4. In einer kleinen Schüssel 3 EL Öl mit 2 TL Orangenschale verquirlen. Die Fische auf beiden Seiten damit bestreichen und die Fleischseite mit Fenchelsalz bestreuen.

5. Vom Fenchel die dicken Stiele und das Wurzelende abschneiden. Die Knolle längs halbieren, vom harten Strunk befreien und quer in 1–1,5 cm dicke Scheiben schneiden. Die Zwiebel schälen, längs halbieren und in dünne Spalten schneiden. Fenchel und Zwiebeln mit den restlichen 2 EL Öl, dem restlichen TL Orangenschale sowie

1 TL Salz und ½ TL Pfeffer in eine große Schüssel geben und alles gut mischen.

6. Den Grillrost mit der Bürste säubern. Das Gemüse in einer Schicht in die Grillpfanne legen und bei geschlossenem Deckel über **direkter mittlerer Hitze** etwa 14 Min. grillen, bis es weich und gebräunt ist, dabei gelegentlich wenden. Nach 7 Min. die Fische mit den Hautseiten nach unten auf den Rost über **direkte mittlere Hitze**

legen und 6–7 Min. grillen, bis ihr Fleisch nicht mehr glasig ist, dabei nicht wenden. Gemüse und Fische vom Grill nehmen.

7. Auf vier Teller je einen Fisch legen. Gemüse und Orangenfilets gleichmäßig darauf verteilen. Alles mit dem Orangendressing beträufeln und sofort servieren.

FÜR 4 PERSONEN

LACHSHAPPEN
MIT MISO-GLASUR

VORBEREITUNGSZEIT: 10 Min.
MARINIERZEIT: 15–20 Min.
GRILLZEIT: 5–7 Min.

Für die Glasur

70 g weiße Misopaste (Shiro Miso)
2 EL salzarme Sojasauce
2 EL Sake (japanischer Reiswein)
1 EL geröstetes Sesamöl
1½ TL Wasabipaste

700 g Lachsfilet ohne Haut (2 cm dick)

1. Die Zutaten für die Glasur mit einem Schneebesen zu einer dünnflüssigen Paste verquirlen. Falls nötig, etwas Wasser hinzufügen.

2. Den Fisch in etwa 3 x 5 cm große Stücke schneiden. Die Stücke unter die Glasur mischen und bei Raumtemperatur 15–20 Min. marinieren.

3. In der Zwischenzeit den Grill für direkte starke Hitze (230–290 °C) vorbereiten (siehe Seite 12–13).

4. Den Grillrost mit der Bürste säubern. Die Lachsstücke bei geschlossenem Deckel über *direkter starker Hitze* 3–4 Min. grillen, bis sie sich mit der Grillzange vom Rost heben lassen, ohne daran hängenzubleiben. Die Stücke wenden und weitere 2–3 Min. grillen (dann sind sie innen noch etwas glasig). Vom Grill nehmen und auf Spießchen stecken; sofort servieren.

FÜR 6 PERSONEN ALS VORSPEISE

26

LACHSFRIKADELLEN-BRÖTCHEN
MIT APFEL-SELLERIE-SALAT

VORBEREITUNGSZEIT: 30 Min.
CHILLING TIME: 30 Min.
GRILLZEIT: 6–8 Min.
ZUBEHÖR: gelochte Grillpfanne

Für die Frikadellen

1 Lachsfilet ohne Haut (etwa 750 g),
   in 2–3 cm breite Stücke geschnitten
5 Frühlingszwiebeln, die weißen und
   hellgrünen Teile in dünne Ringe
   geschnitten (die dunkelgrünen Teile für
   den Salat in dünne Ringe schneiden)
1 Selleriestange, gehackt
1 Bund glatte Petersilie, fein gehackt
50 ml Zitronensaft
2 EL Mayonnaise
1½ EL körniger Senf
1 Ei (Größe L)
½ TL grobes Meersalz
¼ TL frisch gemahlener schwarzer Pfeffer
¼ TL Tabasco
50 g Panko-Mehl (japanische Semmelbrösel)

Für den Salat

3 Selleriestangen, in sehr dünne Scheiben
   geschnitten
1 kleiner süßer Apfel, in streichholzgroße
   Stifte geschnitten
2 EL Zitronensaft
2 EL Mayonnaise
1 EL gehackte glatte Petersilie
¼ TL grobes Meersalz
⅛ TL frisch gemahlener schwarzer Pfeffer

Öl
12 kleine Hamburger-Brötchen oder
   Brötchen, aufgeschnitten

1. Den Lachs in der Küchenmaschine in etwa zehn Intervallen grob zerkleinern. Die restlichen Zutaten bis auf das Panko-Mehl hinzufügen und in wenigen Intervallen untermischen – die Masse darf nicht zu fein werden. Die Masse in eine große Schüssel geben und das Panko-Mehl untermischen. Aus der Masse zwölf Frikadellen (je 1–1,5 cm dick und mit dem Durchmesser der Brötchen) formen. Die Frikadellen auf ein Backblech legen und 30 Min. kalt stellen.

2. Alle Zutaten für den Salat und das dunkle Grün der Frühlingszwiebeln in eine große Schüssel geben und mischen.

3. Den Grill für direkte mittlere Hitze (175–230 °C) vorbereiten (siehe Seite 12–13).

4. Den Grillrost mit der Bürste säubern. Die Frikadellen auf beiden Seiten großzügig mit Öl bestreichen, dann in die Grillpfanne legen und bei geschlossenem Deckel über *direkter mittlerer Hitze* etwa 4 Min. grillen, bis sie sich, ohne hängenzubleiben, mit einer Palette anheben lassen. Wenden und weitere 2–4 Min. grillen. Währenddessen die Brötchen mit den Schnittflächen nach unten über direkte Hitze legen und 1 Min. rösten. Brötchen und Frikadellen vom Grill nehmen.

5. Auf die unteren Brötchenhälften jeweils eine Frikadelle legen. Den Salat portionsweise auf einem Schaumlöffel abtropfen lassen, dann auf den Frikadellen anrichten. Die oberen Brötchenhälften darauflegen und die Lachsfrikadellen-Brötchen sofort servieren.

FÜR 6 PERSONEN

GEGRILLTER LACHS
MIT SPIEGELEI UND ZITRONEN-HOLLANDAISE

VORBEREITUNGSZEIT: 20 Min.
GRILLZEIT: 10–14 Min.
ZUBEHÖR: Gusseisenpfanne (30 cm Ø)

2 Stücke Lachsfilet mit Haut (je etwa
   200 g schwer und 2–3 cm dick)
2 TL Öl
½ TL geräuchertes Paprikapulver
¼ TL grobes Meersalz
⅛ TL frisch gemahlener schwarzer Pfeffer

4 Toastbrötchen
2 EL weiche Butter
8 Eier (Größe L)

Für die Sauce
3 EL Zitronensaft
¼ TL grobes Meersalz
⅛ TL frisch gemahlener schwarzer Pfeffer
100 g weiche Butter in Flöckchen
2 Eigelb (Größe L)

1½ EL Butter
2 Tomaten, jede in 4 Scheiben geschnitten
1 EL Schnittlauchröllchen oder gehackter Dill
   (nach Belieben)

1. Den Grill für direkte und indirekte mittlere Hitze (175–230 °C) vorbereiten (siehe Seite 12–13).

2. Die Lachsfilets auf den Fleischseiten dünn mit dem Öl bestreichen und gleichmäßig mit Paprika, Salz und Pfeffer bestreuen. Die Brötchen mit Butter bestreichen.

3. Für die Sauce den Zitronensaft in einem kleinen Topf bei starker Hitze aufkochen lassen. Den Topf vom Herd nehmen; Salz, Pfeffer und Butter dazugeben und mit einem Schneebesen schlagen, bis die Butter vollständig geschmolzen ist. Die Eigelbe unter die Mischung schlagen. Den Topf wieder auf den Herd stellen und die Sauce bei schwacher Hitze unter ständigem Schlagen etwa 1 Min. erwärmen, bis sie etwas andickt. Die Sauce darf dabei nicht aufkochen. Vom Herd nehmen, zudecken und beiseitestellen.

4. Den Grillrost mit der Bürste säubern. Die Pfanne zum Vorheizen auf den Grillrost stellen. Gleichzeitig die Lachsfilets mit den Fleischseiten nach unten bei geschlossenem Deckel über *direkter mittlerer Hitze* 6–8 Min. grillen, bis sie sich mit der Grillzange leicht vom Rost heben lassen. Wenden und weitere 2–3 Min. grillen (dann sind sie knapp gar). Vor dem Wenden der Filets die restliche Butter in der Pfanne zerlassen und die Eier hineinschlagen.

5. Die Eier bei geschlossenem Deckel über *direkter mittlerer Hitze* 4–6 Min. braten, bis die Dotter am Rand zu stocken beginnen. Während der letzten 2 Min. der Grillzeit die Brötchen mit den gebutterten Seiten nach unten bei geschlossenem Deckel über *indirekter mittlerer*

Hitze rösten, bis sie heiß und leicht gebräunt sind. Lachs, Brötchen und die Pfanne mit den Eiern vom Grill nehmen. Die Filets häuten und mit zwei Gabeln in Stücke zerpflücken.

6. Die Brötchen mit Zitronen-Hollandaise bestreichen und mit je einer Tomatenscheibe belegen. Die Lachsstücke darauf verteilen und je ein Spiegelei daraufsetzen. Mit etwas Sauce beträufeln, nach Belieben mit Schnittlauch oder Dill bestreuen und servieren.

FÜR 4 PERSONEN

TIPP!

Verwenden Sie für eine Sauce Hollandaise Eigelbe von frischen Eiern. Bei älteren Eiern besteht die Gefahr einer Salmonellenvergiftung.

LACHS MIT SENF-DILL-SAUCE
AUF GERÖSTETEM WEISSBROT

VORBEREITUNGSZEIT: 15 Min.
GRILLZEIT: 4–6 Min.

FÜR DIE SAUCE
25 g Senf
3 EL Zucker
2 EL Weißweinessig
4 EL Öl
3 EL gehackter Dill
grobes Meersalz
frisch gemahlener schwarzer Pfeffer

4 Stücke Lachsfilet ohne Haut
   (je 200–250 g schwer und etwa 2 cm dick)
4 Scheiben knuspriges Weizenmischbrot
Öl zum Bestreichen
grobes Meersalz
frisch gemahlener schwarzer Pfeffer
24 Scheiben Salatgurke (je etwa 1 cm dick)
4 große Kopfsalatblätter

1. Den Senf in einer kleinen Schüssel mit Zucker und Essig glatt rühren. Nach und nach 4 EL Öl darunterschlagen. Den Dill untermischen und die Sauce mit Salz und Pfeffer würzen. Die Sauce zudecken und bis zu zwei Tage kalt stellen.

2. Den Grill auf einer Seite für direkte mittlere Hitze (175–230 °C), auf der anderen für direkte starke Hitze (230–290 °C) vorbereiten (siehe Seite 12–13).

3. Lachsfilets und Brotscheiben auf beiden Seiten dünn mit Öl bestreichen. Die Filets mit Salz und Pfeffer würzen.

4. Den Grillrost mit der Bürste säubern. Den Lachs bei geschlossenem Deckel über *direkter starker Hitze* 4–6 Min. grillen, bis er in der Mitte gerade nicht mehr glasig ist, dabei ein- bis zweimal wenden. Die Brotscheiben in der letzten Min. über *direkter mittlerer Hitze* braun grillen.

5. Auf vier Teller je eine Brotscheibe legen. Die Scheiben mit etwas Senf-Dill-Sauce bestreichen, dann mit je 6 Gurkenscheiben und einem Salatblatt belegen. Die Lachsfilets darauf anrichten. Das Ganze mit der restlichen Sauce beträufeln und sofort servieren.

FÜR 4 PERSONEN

CREMESUPPE
MIT GEGRILLTEM LACHS

VORBEREITUNGSZEIT: 20 Min.
GARZEIT FÜR DIE SUPPE: 30 Min.
GRILLZEIT: 8–12 Min.

4 Stücke Lachsfilet mit Haut (je etwa
175 g schwer und etwa 3 cm dick)
1½ TL Olivenöl
1 TL grobes Meersalz
¼ TL frisch gemahlener schwarzer Pfeffer
4 TL gehackter Dill
4 Maiskolben, ohne Hüllblätter
2 EL Butter
1 Zwiebel, fein gewürfelt
2 TL fein gehackter Knoblauch
250 ml Milch
250 g Crème fraîche
1 kg mehligkochende Kartoffeln, geschält
und in kleine Würfel geschnitten
1 l Fischfond
2 EL gehackte glatte Petersilie
½–1 TL Tabasco

1. Den Grill für direkte starke Hitze
(230–290 °C) vorbereiten (siehe Seite 12–13).

2. ¼ TL Salz, ⅛ TL Pfeffer und den Dill mischen.
Die Lachsfilets auf den Fleischseiten mit dem Öl
bestreichen und gleichmäßig mit der Dill-Würz-
mischung bestreuen.

3. Den Grillrost mit der Bürste säubern. Den
Lachs mit den Fleischseiten nach unten bei
geschlossenem Deckel über *direkter starker
Hitze* 6–8 Min. grillen. Die Filets wenden, sobald sie sich leicht vom Rost lösen lassen; weitere 2–4 Min. grillen (dann sind sie medium
rare). Gleichzeitig die Maiskolben über *direkter
starker Hitze* 8–10 Min. grillen, bis sie weich und
stellenweise gebräunt sind, dabei gelegentlich
wenden. Fisch und Mais vom Grill nehmen.

4. Während des Grillens die Butter in einem
großen Topf bei mittlerer Hitze zerlassen. Die
Zwiebelwürfel darin mit dem Knoblauch, dem
restlichen ¾ TL Salz und ⅛ TL Pfeffer unter gelegentlichem Rühren in etwa 5 Min. glasig dünsten. Milch, Sahne, Kartoffeln und Fond hinzufügen. Die Suppe 15–20 Min. köcheln lassen, bis
die Kartoffeln weich sind. Inzwischen die fertig
gerillten Lachsfilets häuten und in mundgerechte Stücke zerpflücken. Die Maiskörner von den
Kolben schneiden. Sobald die Suppe fertig ist,
behutsam Lachs, Mais, Petersilie und Tabasco
unterrühren. Heiß servieren.

FÜR 6–8 PERSONEN

1–2–3-LACHS

VORBEREITUNGSZEIT: 5 Min.
GRILLZEIT: 8–10 Min.

75 g Doppelrahmfrischkäse
4 EL mexikanische Tomaten-Salsa
  (Fertigprodukt)
4 Stücke Lachsfilets mit Haut
  (je 200–250 g schwer und 2–3 cm dick)
2 EL Korianderblätter

1. Den Grill für direkte starke Hitze
(230–290 °C) vorbereiten (siehe Seite 12–13).

2. Den Frischkäse in einer kleinen Schüssel
mit der Salsa glatt rühren.

3. Jedes Lachsfilets auf der Fleischseite mit der
Käsecreme bedecken.

4. Den Grillrost mit der Bürste säubern. Ein
Stück Alufolie auf den Rost legen und die Lachsfilets mit den Hautseiten nach unten darauflegen. Den Fisch bei geschlossenem Deckel
über *direkter starker Hitze* 8–10 Min. grillen,
bis er durchgegart ist und die Käsecreme an den
Rändern bräunt und brodelt. Den Folienrand mit
der Grillzange festhalten und eine Fischpalette
zwischen Lachshaut und -fleisch schieben. Die
Filets von der Haut heben, auf eine Servierplatte
legen und mit den Korianderblättern bestreuen.
Sofort servieren.

FÜR 4 PERSONEN

LACHSFILETS KARIBISCHE ART
MIT MANGO UND BRUNNENKRESSE

VORBEREITUNGSZEIT: 30 Min.
MARINIERZEIT: 1 Std.
GRILLZEIT: 10–12 Min.

700 g Mangos, geschält und in etwa
   1 cm große Würfel geschnitten
5 EL gehacktes Koriandergrün
2 EL Zucker
2 EL Limettensaft
1 EL fein gehackte entkernte Jalapeño-
   Chilischote
Cayennepfeffer

Für die Marinade
1 Frühlingszwiebel (nur der weiße und
   hellgrüne Teil), fein gewürfelt
50 ml Olivenöl
50 g Zucker
50 ml Limettensaft
2 EL gehackter Thymian
1 EL gehackter Knoblauch
1 EL gehackte entkernte Jalapeño-Chilischote
Cayennepfeffer
1 TL gemahlener Piment
1 TL grobes Meersalz
½ TL frisch gemahlener schwarzer Pfeffer
¼ TL gemahlener Ingwer
¼ TL frisch geriebene Muskatnuss
⅛ TL gemahlener Zimt

4 Stücke Lachsfilet mit Haut
   (je 170–225 g schwer und etwa 3 cm dick)
1 Bund Brunnenkresse, dicke Stiele entfernt

1. Die Mangowürfel in einer Schüssel mit Koriandergrün, Zucker, Limettensaft, Jalapeño und Cayennepfeffer mischen. Zudecken und für 1–2 Std. kalt stellen.

2. In einer zweiten Schüssel die Zutaten für die Marinade verrühren. Etwa 50 ml von der Marinade abnehmen und beiseitestellen. Die Filets in die restliche Marinade geben und darin wenden. Zudecken und für 1 Std. kalt stellen (nicht länger, sonst wird das Lachsaroma zu stark überdeckt).

3. Den Grill für indirekte starke Hitze (230–290 °C) vorbereiten (siehe Seite 12–13).

4. Den Grillrost mit der Bürste säubern. Die Filets aus der Schüssel heben und darüber abtropfen lassen. Die Marinade wegschütten. Die Filets mit den Hautseiten nach unten bei geschlossenem Deckel über *indirekter starker Hitze* 10–12 Min. grillen, dabei nicht wenden. Die Filets auf Teller verteilen, mit der beiseitegestellten Marinade beträufeln und mit den Mangos und der Brunnenkresse servieren.

FÜR 4 PERSONEN

LACHSSTEAKS
MIT ZITRONEN-THYMIAN-BUTTER UND WILDPILZEN

VORBEREITUNGSZEIT: 30 Min.
GRILLZEIT: 5–11 Min.
ZUBEHÖR: gelochte Grillpfanne

Für die Butter

100 g weiche Butter
4 TL fein gehackter Thymian
1 TL abgeriebene Schale von 1 Bio-Zitrone
2 TL Zitronensaft

grobes Meersalz
frisch gemahlener schwarzer Pfeffer

4 Lachssteaks (je 175–200 g schwer und
    etwa 3 cm dick)
Olivenöl
¾ TL abgeriebene Schale von 1 Bio-Zitrone
350 g gemischte Wildpilze (z. B. Austernpilze,
    Pfifferlinge und Shiitakepilze), Stiele
    entfernt, Hüte gesäubert und in mund-
    gerechte Stücke geschnitten

200 g Schalotten, in dünne Ringe geschnitten
1 Bio-Zitrone, in Spalten geschnitten

1. Die Zutaten für die Butter in einer kleinen Schüssel verrühren. Die Würzbutter mit Salz und Pfeffer abschmecken.

2. Den Grill für direkte mittlere (175–230 °C) und starke (230–290 °C) vorbereiten (siehe Seite 12–13). Die Grillpfanne über mittlerer Hitze heiß werden lassen.

3. Die Lachssteaks auf beiden Seiten mit 1 EL Öl bestreichen und mit der Zitronenschale, 1 TL Salz und ¼ TL Pfeffer würzen. Die Pilze in eine große Schüssel geben, 2 EL Öl, ½ TL Salz und ¼ TL Pfeffer hinzufügen. Alles mischen, bis die Pilze rundum gewürzt sind.

4. Den Grillrost mit der Bürste säubern. Den Lachs bei geschlossenem Deckel über *direkter starker Hitze* 8–11 Min. grillen, bis er gerade nicht mehr glasig ist, dabei einmal wenden. Die Pilze in der Pfanne über *direkter mittlerer Hitze* 5–6 Min. grillen, bis sie weich sind und zu bräunen beginnen. Gegartes Grillgut vom Grill nehmen.

5. In einer großen Pfanne 2 EL Würzbutter bei mittlerer bis starker Hitze heiß werden lassen. Die Schalotten darin unter Rühren in 3–5 Min. glasig dünsten. Die Pilze und weitere 2 EL Würzbutter hinzufügen; alles unter behutsamem Rühren in etwa 2 Min. erhitzen. Vom Herd nehmen.

6. Den Lachs mit der restlichen Zitronen-Thymian-Butter, den Pilzen und den Zitronenspalten servieren.

FÜR 4 PERSONEN

LACHSSTEAKS
MIT VIETNAMESISCHEM GURKENSALAT

VORBEREITUNGSZEIT: 15 Min.
GRILLZEIT: 8–11 Min.

Für den Salat

1 Salatgurke (300–350 g), in sehr dünne
  Scheiben geschnitten oder gehobelt
30 g Koriandergrün, grob gehackt
2 Frühlingszwiebeln, in dünne Ringe
  geschnitten
2 EL Limettensaft
1 TL gehackter Knoblauch
1 TL Fischsauce
1 TL Zucker
¼ TL grobes Meersalz
¼ TL Chiliflocken

4 Lachssteaks (je etwa 200 g schwer und
  etwa 3 cm dick)
1 EL Öl
½ TL grobes Meersalz
¼ TL frisch gemahlener schwarzer Pfeffer

1. Den Grill für direkte starke Hitze
(230–290 ºC) vorbereiten (siehe Seite 12–13).

2. Die Gurkenscheiben portionsweise mit den
Händen durchkneten, damit sie das Dressing
besser aufnehmen. In eine Schüssel geben und
mit den restlichen Salatzutaten mischen. Bei
Raumtemperatur durchziehen lassen.

3. Die Steaks auf beiden Seiten dünn mit Öl
bestreichen und gleichmäßig mit Salz und
Pfeffer bestreuen.

4. Den Grillrost mit der Bürste säubern. Die
Steaks bei geschlossenem Deckel über *direkter
starker Hitze* 6–8 Min. grillen, bis sie sich, ohne
haften zu bleiben, vom Grill heben lassen. Die
Steaks umdrehen und bis zum gewünschtem
Gargrad weitergrillen – nach 2–3 Min. sind sie
innen gerade nicht mehr glasig. Vom Grill nehmen und sofort mit dem Salat servieren.

FÜR 4 PERSONEN

LACHS
MIT KIRSCH-PORTWEIN-SAUCE

VORBEREITUNGSZEIT: 15 Min.
GRILLZEIT: 8–11 Min.

Für die Sauce

250 ml roter Portwein
75 g Zucker
8 Zweige Thymian
250 g dunkle Süßkirschen,
   halbiert und entsteint
1 EL Butter

4 Stücke Lachsfilet mit Haut
   (je etwa 200 g schwer und 2–3 cm dick)
2 TL Olivenöl
grobes Meersalz
frisch gemahlener schwarzer Pfeffer

1. Den Grill für direkte starke Hitze (230–290 °C) vorbereiten (siehe Seite 12–13).

2. Für die Sauce den Portwein in einem Topf mit Zucker und Thymian bei starker Hitze unter gelegentlichem Rühren in etwa 10 Min. auf ein Drittel einkochen lassen. Vom Herd nehmen und den Thymian entfernen. Kirschen und Butter zum Portwein geben; rühren, bis die Butter vollständig geschmolzen ist.

3. Die Filets auf den Fleischseiten mit dem Öl bestreichen, dann salzen und pfeffern.

4. Den Grillrost mit der Bürste säubern. Den Lachs mit den Fleischseiten nach unten bei geschlossenem Deckel über *direkter starker Hitze* 6–8 Min. grillen, bis er sich mit einer Zange leicht vom Rost heben lässt. Wenden und bis zum gewünschten Gargrad weitergrillen (nach 2–3 Min. ist er innen gerade nicht mehr glasig). Mit der Kirschsauce auf Tellern anrichten und sofort servieren.

FÜR 4 PERSONEN

SEESAIBLING
MIT OLIVEN-SALAT UND GEGRILLTEM FENCHEL

VORBEREITUNGSZEIT: 20 Min.
GRILLZEIT: 6–10 Min.

2 große Fenchelknollen

Für den Salat
400 g Datteltomaten, halbiert
300 g entsteinte schwarze und grüne
    Oliven, halbiert
10 g grob gehackte glatte Petersilie
3 EL gehacktes Fenchelgrün
    (von den Fenchelknollen)
2 EL Olivenöl
1 EL Aceto balsamico

grobes Meersalz
frisch gemahlener schwarzer Pfeffer
Olivenöl

4 Seesaibling- oder Forellenfilets mit Haut
    (je etwa 200 g schwer und etwa 2 cm dick)

1. Den Grill für direkte und indirekte starke Hitze (230–290 °C) vorbereiten (siehe Seite 12–13).

2. Von den Fenchelknollen die Wurzelenden und die dicken Stängel abschneiden und wegwerfen. Das zarte Grün fein hacken. (Sie brauchen für den Salat 3 EL.) Jede Knolle längs in 16 Spalten schneiden. Diese in eine Schüssel geben, mit kochend heißem Wasser bedecken und bei Raumtemperatur ziehen lassen.

3. Inzwischen die Salatzutaten in einer Schüssel mischen; salzen und pfeffern.

4. Die Fenchelspalten in einem Sieb abtropfen lassen, dann mit Küchenpapier trocken tupfen. Zurück in die Schüssel geben und mit 1 EL Öl, ¼ TL Salz und ⅛ TL Pfeffer mischen.

5. Die Fischfilets mit 1 EL Öl bestreichen und mit Salz und Pfeffer bestreuen.

6. Den Grillrost mit der Bürste säubern. Fenchel bei geschlossenem Deckel über *indirekter starker Hitze* etwa 10 Min. grillen, bis er weich ist und Farbe angenommen hat, dabei ein- bis zweimal wenden. Gleichzeitig die Fischfilets mit den Fleischseiten nach unten über *direkter starker Hitze* 4–6 Min. grillen, bis sie sich leicht mit einer Palette vom Rost heben lassen. Wenden und bis zum gewünschten Gargrad weitergrillen (nach 2–3 Min. sind sie in der Mitte knapp gar). Vom Grill nehmen und sofort mit dem Salat und den Fenchelspalten servieren.

FÜR 4 PERSONEN

SEESAIBLING
MIT GRÜNER GAZPACHO-SAUCE

VORBEREITUNGSZEIT: 30 Min.
GRILLZEIT: 6–8 Min.

Für die Sauce

100 g Salatgurke, grob gewürfelt
2 Frühlingszwiebeln (nur die weißen und
   hellgrünen Teile), grob gehackt
3 EL grob gehacktes Koriandergrün
1 Stück grüne Paprikaschote (etwa 50 g),
   grob zerkleinert
1 kleine Knoblauchzehe, geschält und
   fein gehackt
1½ EL Balsamico bianco
1½ TL Tabasco

Olivenöl
grobes Meersalz
frisch gemahlener schwarzer Pfeffer

4 Seesaiblings- oder Forellenfilets mit Haut
   (je 200–250 g schwer und 2 cm dick)
4 Scheiben Ciabatta (je 1–1,5 cm dick)
250 g Cocktailtomaten, halbiert
1 reife Avocado (vorzugsweise Hass),
   in 1–1,5 cm große Würfel geschnitten

1. Für die Sauce Gurke, Zwiebel, Koriander, Paprika und Knoblauch mit Essig und Tabasco in der Küchenmaschine pürieren. Die Mischung in eine Schüssel geben und mit dem Schneebesen 6 EL Öl unterschlagen. Die Sauce mit Salz und Pfeffer und nach Belieben noch ½ EL Essig und ½ TL Tabasco würzen. Zudecken und kalt stellen.

2. Den Grill für direkte starke Hitze (230–290 ºC) vorbereiten (siehe Seite 12–13).

3. Die Fischfilets und die Brotscheiben auf eine große Platte oder ein Backblech legen und auf beiden Seiten mit Öl bestreichen. Die Fleischseiten der Filets mit Salz und Pfeffer bestreuen.

4. Den Grillrost mit der Bürste säubern. Die Filets mit den Fleischseiten nach unten bei geschlossenem Deckel über *direkter starker Hitze* 6–8 Min. grillen, bis ihr Fleisch weiß, aber noch saftig ist, dabei ein- bis zweimal wenden. Während der letzten 30–60 Sek. der Grillzeit die Brotscheiben über *direkter Hitze* unter Wenden rösten. Filets und Brot vom Grill nehmen.

5. Das Brot in 1–1,5 cm große Würfel schneiden. Die Sauce auf vier Schalen oder tiefe Teller verteilen. Je ein Fischfilet darauflegen (Haut nach Belieben vorher entfernen) und zu gleichen Teilen Tomatenhälften, Avocado- und Brotwürfel hinzufügen. Alles mit etwas Olivenöl beträufeln und sofort servieren.

FÜR 4 PERSONEN

FORELLENFILETS
MIT MINZE-BASILIKUM-ÖL UND ORZO

VORBEREITUNGSZEIT: 30 Min.
GRILLZEIT: 5–7 Min.

40 g Basilikumblätter
25 g Minzeblätter
Olivenöl

1 l Hühnerbrühe
175 g Orzo oder Riso (reiskornförmige
   griechische Nudeln)

4 Forellenfilets (je etwa 200 g schwer
   und etwa 2 cm dick)
Olivenöl
grobes Meersalz
frisch gemahlener schwarzer Pfeffer

150 g dünne Schalottenringe
400 g TK-Erbsen
5 EL grob gehackte Minze

1. In einem kleinen Topf Wasser aufkochen lassen. Basilikum und Minze darin 5–10 Sek. blanchieren, dann abgießen, kalt abspülen und abtropfen lassen. Die blanchierten Kräuter in die Küchenmaschine oder in den Mixer geben und mit 125 ml Olivenöl pürieren. Ein feinmaschiges Sieb auf eine kleine Schüssel setzen. Die Kräuter-Öl-Mischung hineingießen und möglichst viel Flüssigkeit aus den Kräutern drücken. Das Kräuteröl bis zum Servieren beiseitestellen.

2. Die Brühe in einem großen Topf bei starker Hitze aufkochen lassen. Die Nudeln darin unter gelegentlichem Rühren nach Packungsangabe bissfest garen. In ein Sieb schütten, dabei 125 ml Brühe auffangen. Nudeln und Brühe beiseitestellen.

3. Den Grill für direkte starke Hitze (230–290 °C) vorbereiten (siehe Seite 12–13).

4. Die Fleischseiten der Filets dünn mit Olivenöl bestreichen und gleichmäßig mit Salz und Pfeffer bestreuen.

5. In einer großen Pfanne 1 EL Olivenöl bei mittlerer bis starker Hitze heiß werden lassen. Die Schalotten darin unter gelegentlichem Rühren weich und goldbraun braten. Die Nudeln, die aufgefangene Brühe und die Erbsen untermischen und alles in 3–4 Min. unter gelegentlichem Rühren heiß werden lassen. Die Nudel-Erbsen-Mischung mit Salz und Pfeffer würzen; unmittelbar vor dem Servieren die Minze unterheben.

6. Den Grillrost mit der Bürste säubern. Die Filets mit den Fleischseiten nach unten über *direkte starke Hitze* legen. Bei geschlossenem Deckel 5–7 Min. grillen, bis sie gebräunt und gerade nicht mehr glasig sind, dabei einmal wenden. Vom Grill nehmen und häuten.

7. Die Nudelmischung auf vier Teller verteilen. Je ein Filet darauf anrichten und mit Minze-Basilikum-Öl beträufeln. Sofort servieren; das restliche Kräuteröl dazu reichen.

FÜR 4 PERSONEN

SCHWERTFISCHSTEAKS
MIT ZITRONEN-SAFRAN-VINAIGRETTE UND GREMOLATA

VORBEREITUNGSZEIT: 20 Min.
GRILLZEIT: 6–8 Min.

Für die Gremolata

2 EL gehackter Kerbel oder gehackte
   glatte Petersilie
2 TL abgeriebene Schale von 1 Bio-Zitrone

grobes Meersalz
frisch gemahlener schwarzer Pfeffer

Für die Vinaigrette

¼ TL zerdrückte Safranfäden
3 EL Zitronensaft
2 EL sehr feine Schalottenwürfel
4 TL flüssiger Honig
1½ TL Dijon-Senf
¾ TL abgeriebene Schale von 1 Bio-Zitrone
50 ml Olivenöl

4 Schwertfischsteaks (je etwa 200 g schwer
   und etwa 2 cm dick)
1 großer Friséesalat, in mundgerechte
   Stücke gezupft

TIPP!

Immer erst die Zitronenschale abreiben
und dann die Frucht auspressen.

1. Für die Gremolata Kerbel bzw. Petersilie in einer kleinen Schüssel mit der Zitronenschale, ½ TL Salz und ¼ TL Pfeffer mischen; zudecken und kalt stellen.

2. In einer zweiten kleinen Schüssel den Safran mit dem Schneebesen mit dem Zitronensaft verrühren, bis er sich auflöst und die Mischung intensiv gelb ist (ein paar Fadenstückchen bleiben sichtbar). Erst Schalotten, Honig, Senf und Zitronenschale, dann das Öl darunterschlagen. Die Vinaigrette mit Salz und Pfeffer würzen. Von der Vinaigrette 2 EL zum Bestreichen der Steaks in ein Schälchen geben. Den Rest beiseitestellen; vor der Verwendung noch einmal aufschlagen.

3. Den Grill für direkte starke Hitze (230–290 °C) vorbereiten (siehe Seite 12–13).

4. Die Steaks auf beiden Seiten mit den 2 EL Vinaigrette aus dem Schälchen bestreichen und mit Salz und Pfeffer würzen.

5. Den Grillrost mit der Bürste säubern. Die Schwertfischsteaks bei geschlossenem Deckel über *direkter starker Hitze* 6–8 Min. grillen, bis sie innen gerade nicht mehr glasig sind, dabei einmal wenden. Anschließend mit dem Friséesalat auf Tellern anrichten, mit der restlichen Vinaigrette beträufeln und mit der Gremolata garnieren. Sofort servieren.

FÜR 4 PERSONEN

SCHWERTFISCHSTEAKS MIT OREGANO-KRUSTE

UND GRIECHISCHEM SALAT

VORBEREITUNGSZEIT: 25 Min.
GRILLZEIT: 8–10 Min.

Für den Salat

1 Salatgurke (etwa 350 g),
    in Würfel geschnitten
400 g Datteltomaten, halbiert
150 g entsteinte Kalamata-Oliven,
    abgetropft, halbiert
150 g Schafskäse (z. B. Feta), zerbröckelt
½ rote Zwiebel, in dünne Ringe geschnitten
2 EL gehackte Petersilie
1 EL gehackte Minze
1 EL Rotweinessig
1 EL Zitronensaft

Olivenöl
grobes Meersalz
frisch gemahlener schwarzer Pfeffer

6 Schwertfischsteaks (je etwa 250 g schwer
    und 2–3 cm dick)
4 gehäufte EL gehackter Oregano

1. Den Grill für direkte mittlere Hitze (175–230 °C) vorbereiten (siehe Seite 12–13).

2. Die Zutaten für den Salat in einer Schüssel mischen. 50 ml Öl unterheben und den Salat mit Salz und Pfeffer würzen.

3. Die Steaks auf beiden Seiten mit 1 EL Öl bestreichen und mit Salz, Pfeffer und Oregano bestreuen. Den Oregano andrücken.

4. Den Grillrost mit der Bürste säubern. Die Schwertfischsteaks bei geschlossenem Deckel über *direkter mittlerer Hitze* 8–10 Min. grillen, bis sie innen gerade nicht mehr glasig, aber noch saftig sind, dabei einmal wenden. Die Fischsteaks mit dem Salat auf einer Servierplatte anrichten und sofort servieren.

FÜR 6 PERSONEN

SCHWERTFISCHSTEAKS
MIT PFEFFERBUTTER

VORBEREITUNGSZEIT: 25 Min.
GRILLZEIT: 6–8 Min.

2 große rosa Grapefruits
Olivenöl
1 TL flüssiger Honig oder Agavendicksaft

grobes Meersalz
frisch gemahlener schwarzer Pfeffer

4 Schwertfischsteaks (je etwa 200 g schwer
    und 2–3 cm dick)
3 TL geschroteter bunter Pfeffer

75 g Butter
2 EL Schnittlauchröllchen
125 g Feldsalat oder Rucola

1. Den Grill für direkte starke Hitze (230–290 °C) vorbereiten (siehe Seite 12–13).

2. Die Grapefruits so schälen, dass auch die weiße Haut entfernt wird. Über einer Schüssel die Filets aus den Trennhäuten schneiden, den Saft dabei auffangen, die Reste der Früchte über der Schüssel ausdrücken. Die Filets in eine kleine Schüssel geben. In einer weiteren kleinen Schüssel 3 EL vom Grapefruitsaft mit 3 EL Öl und dem Honig mit einem Schneebesen zu einem Dressing verrühren, mit Salz und schwarzem Pfeffer würzen.

3. Die Fischsteaks dünn mit Öl bestreichen und gleichmäßig mit Salz und 2 TL geschrotetem Pfeffer bestreuen. Den Pfeffer andrücken.

4. Den Grillrost mit der Bürste säubern. Die Steaks bei geschlossenem Deckel über *direkter starker Hitze* 6–8 Min. grillen, bis sie innen gerade nicht mehr glasig, aber noch saftig sind, dabei einmal wenden; vom Grill nehmen.

5. In einer kleinen Pfanne die Butter bei mittlerer Hitze mit dem restlichen TL geschroteten Pfeffer zerlassen. Vom Herd nehmen.

6. Die Schwertfischsteaks mit der Pfefferbutter anrichten und mit Schnittlauchröllchen garnieren. Feldsalat und Grapefruitfilets auf einen zweiten Teller geben und mit dem Dressing beträufeln. Sofort servieren.

FÜR 4 PERSONEN

SCHWERTFISCH-YAKITORI

VORBEREITUNGSZEIT: 20 Min.
GRILLZEIT: 8–10 Min.
ZUBEHÖR: 24 Metall- oder Holzspieße
(15 cm lang; Holzspieße mind. 30 Min.
gewässert)

Für die Sauce

250 ml Mirin (süßer japanischer Reiswein)
125 ml Sojasauce
2 EL brauner Zucker
3 Scheiben frischer Ingwer

4 Schwertfischsteaks (je etwa 250 g schwer
   und 2–3 cm dick), jeweils in 12 etwa gleich
   große Würfel geschnitten
Öl zum Bestreichen

1. Den Grill für direkte mittlere Hitze
(175–230 °C) vorbereiten (siehe Seite 12–13).

2. Die Zutaten für die Sauce in einem kleinen
Topf verrühren. Bei starker Hitze aufkochen,
dann bei schwacher Hitze 5 Min. köcheln lassen,
bis die Sauce etwas eingedickt ist. Die Ingwerscheiben entfernen. Die Hälfte der Sauce in eine
kleine Schüssel geben und bis zum Servieren
beiseitestellen.

3. Auf jeden Spieß 2 Fischwürfel stecken und
diese großzügig mit der Hälfte der Sauce im Topf
und anschließend dünn mit Öl bestreichen.

4. Den Grillrost mit der Bürste säubern. Die
Spieße auf den Rost legen und die Fischwürfel
bei geschlossenem Deckel über *direkter mittlerer
Hitze* 8–10 Min. grillen, bis sie gerade nicht
mehr glasig, aber noch saftig sind, dabei während der ersten 5 Min. mehrmals wenden und
mit der restlichen Sauce aus dem Topf bestreichen. Vom Grill nehmen; sofort servieren. Die
beiseitegestellte Sauce dazu reichen.

FÜR 4–6 PERSONEN;
FÜR 8 PERSONEN ALS VORSPEISE

GEGRILLTER HEILBUTT
MIT PISTAZIEN-MINZE-PESTO

VORBEREITUNGSZEIT: 20 Min.
GRILLZEIT: 6–8 Min.

25 g Minzeblätter
50 g geschälte ungeröstete, ungesalzene
   Pistazienkerne
1 Knoblauchzehe, geschält
1 TL abgeriebene Schale von 1 Bio-Zitrone
1 EL Zitronensaft
Olivenöl
grobes Meersalz
frisch gemahlener schwarzer Pfeffer
2 EL gehackte Minze
1 EL feine Schnittlauchröllchen

4 Stücke Heilbuttfilet (je 175–200 g schwer
   und 3–4 cm dick)
¼ TL Chiliflocken

1. Die Minzeblätter in der Küchenmaschine mit Pistazien und Knoblauch pürieren. Zitronenschale und -saft hinzufügen und untermixen. Bei laufendem Motor nach und nach 125 ml Olivenöl durch die Einfüllöffnung dazugießen und gründlich unterarbeiten, dabei mit Salz und Pfeffer würzen. Das Pesto in eine kleine Schüssel füllen. 1 EL gehackte Minze unterrühren.

2. Den Grill für direkte starke Hitze (230–290 °C) vorbereiten (sieh Seite 12–13).

3. In einer kleinen Schüssel 2 EL Öl mit der restlichen fein gehackten Minze und dem Schnittlauch verrühren. Die Filets auf beiden Seiten mit der Mischung bestreichen, dann mit Chiliflocken sowie Salz und Pfeffer würzen.

4. Den Grillrost mit der Bürste säubern. Die Filets bei geschlossenem Deckel über *direkter starker Hitze* 6–8 Min. grillen, bis sie außen gebräunt und innen gerade nicht mehr glasig sind, dabei einmal wenden. Anschließend auf vier Teller verteilen und mit dem Pesto beträufeln.

FÜR 4 PERSONEN

HEILBUTT-SPIESSE
MIT ZA'ATAR-KRUSTE UND SCHARFEM JOGHURT-DIP

VORBEREITUNGSZEIT: 10 Min.
GRILLZEIT: 8–10 Min.
ZUBEHÖR: 4 lange Metall- oder Holzspieße
(Holzspieße mind. 30 Min. gewässert)

1 kg Heilbuttfilet ohne Haut, in etwa 3 cm
   große Würfel geschnitten
3 EL Za'atar (arabische Gewürzmischung)
2 EL Olivenöl
grobes Meersalz

Für den Dip
200 g griechischer Sahnejoghurt
1 EL Harissa (scharfe nordafrikanische
   Würzpaste)
1 EL Zitronensaft

1. Den Grill für direkte mittlere Hitze
(175–230 °C) vorbereiten (siehe Seite 12–13).

2. Die Fischwürfel in einer Schüssel mit Za'atar,
Öl und Salz (nach Bedarf; siehe Tipp) mischen
und auf die Spieße stecken.

3. Die Zutaten für den Dip in einer kleinen
Schüssel mit einer Gabel verrühren. Den Dip mit
Salz abschmecken und nach Geschmack noch
etwas Harissa untermischen.

4. Den Grillrost mit der Bürste säubern. Die
Spieße bei geschlossenem Deckel über **direkter
mittlerer Hitze** 8–10 Min. grillen, bis der Fisch
nicht mehr glasig ist und sich zerpflücken lässt,
dabei ein- bis zweimal wenden. Vom Grill nehmen und sofort mit dem Dip servieren.

FÜR 4 PERSONEN

TIPP!
Sehen Sie nach, ob das Za'atar Salz enthält. Falls nicht, geben Sie mit der Gewürzmischung ¼ TL grobes Meersalz zum Fisch.

HEILBUTT-BAGUETTES

VORBEREITUNGSZEIT: 15 Min.
GRILLZEIT: etwa 10 Min.

Für die Aïoli

150 g Mayonnaise
50 g eingelegte Chilischoten (z. B. Jalapeños),
   fein gehackt
abgeriebene Schale und Saft von 1 kleinen
   Bio-Zitrone
1 Knoblauchzehe, fein gehackt

4 Stücke Heilbuttfilet ohne Haut
   (je etwa 200 g schwer und 2–3 cm dick)
2½ EL Olivenöl
1 EL Cajun-Gewürzmischung
½ TL grobes Meersalz

1 Baguette
4 Romanasalatblätter
2 Tomaten, in Scheiben geschnitten

1. Den Grill für direkte mittlere Hitze (175–230 °C) vorbereiten (siehe Seite 12–13).

2. Die Zutaten für die Aïoli in einer kleinen Schüssel verrühren.

3. Die Fischfilets rundherum dünn mit 1 EL Öl bestreichen und gleichmäßig mit der Gewürzmischung und dem Salz bestreuen.

4. Den Grillrost mit der Bürste säubern. Die Filets bei geschlossenem Deckel über *direkter mittlerer Hitze* etwa 10 Min. grillen, bis sie innen nicht weiß, aber noch saftig sind; dabei einmal wenden, sobald sie sich leicht vom Rost lösen lassen.

5. In der Zwischenzeit das Baguette zuerst in vier Stücke teilen, dann die Stücke aufschneiden. Die Schnittflächen mit den restlichen 1½ EL Öl bestreichen. Die Baguettehälften während der letzten Minute der Grillzeit mit den Schnittflächen nach unten über *direkter mittlerer Hitze* grillen. Fisch und Brot vom Grill nehmen.

6. Die Baguettehälften mit der Aïoli bestreichen, dann mit Salat, Tomaten und Fisch belegen. Die Baguettes sofort servieren.

FÜR 4 PERSONEN

HEILBUTT-TOSTADAS
MIT ANANAS-BOHNEN-SALSA

VORBEREITUNGSZEIT: 30 Min.
GRILLZEIT: 7–9 Min.

Für die Salsa

1 Dose schwarze Bohnen (400 g)
300 g Ananasfruchtfleisch, klein gewürfelt
125 g Radieschen, klein gewürfelt
1 große Zwiebel, klein gewürfelt
1 Handvoll Korianderblätter, grob gehackt
4–5 EL Limettensaft
1–2 Jalapeño-Chilischoten, von den Samen
    befreit, gehackt

grobes Meersalz
frisch gemahlener schwarzer Pfeffer

80 ml Olivenöl
2 TL Chilipulver (Gewürzmischung)
1 TL gemahlener Kreuzkümmel

750 g Heilbuttfilet (2 3 cm dick)
2 große rote Paprikaschoten,
    quer in Ringe geschnitten
1 große rote Zwiebel, quer in 1–1,5 cm
    dicke Ringe geschnitten
8 Mais- oder Weizentortillas (je 15 cm Ø)

1. Für die Salsa die Bohnen in einem Sieb abspülen und abtropfen lassen, dann in einer kleinen Schüssel mit den restlichen Zutaten mischen. Die Salsa mit Salz und Pfeffer würzen, zudecken und bis zum Servieren kalt stellen.

2. Den Grill auf einer Seite für direkte mittlere Hitze (175–230 ºC), auf der anderen für direkte starke Hitze (230–290 ºC) vorbereiten (siehe Seite 12–13).

3. Das Olivenöl in einer kleinen Schüssel mit dem Chilipulver, dem Kreuzkümmel, 1 TL Salz und ½ TL Pfeffer verquirlen. Fischfilets, Paprikaringe und Zwiebelringe auf beiden Seiten mit dem gewürzten Öl bestreichen bzw. darin wenden.

4. Den Grillrost mit der Bürste säubern. Den Fisch bei geschlossenem Deckel über *direkter starker Hitze* und das Gemüse über *direkter mittlerer Hitze* 6–8 Min. grillen. Der Fisch ist dann innen weiß, aber noch saftig, und das Gemüse weich; dabei ein- bis zweimal wenden. Alles vom Grill nehmen und den Fisch mit zwei Gabeln in mundgerechte Stücke zerpflücken.

5. Die Tortillas über *direkter mittlerer Hitze* 30–60 Sek. grillen, bis sie warm und knusprig sind, dabei ein- bis zweimal wenden.

6. Auf vier bzw. sechs Teller je eine oder zwei Tortillas geben und mit Heilbutt, Paprika, Zwiebeln und Salsa belegen. Sofort servieren.

FÜR 4–6 PERSONEN

54

HEILBUTT-TACOS
MIT JALAPEÑO-CREME

VORBEREITUNGSZEIT: 30 Min.
GRILLZEIT: etwa 20 Min.

6 kleine Jalapeñö-Schoten (etwa 125 g)
1 TL Olivenöl
125 g saure Sahne
2 EL gehacktes Koriandergrün
2 EL Mayonnaise
grobes Meersalz

500 g Weißkohl, Strunk entfernt, Blätter in
  dünne Streifen geschnitten oder gehobelt
2 EL Mayonnaise
1 EL Apfelessig
frisch gemahlener schwarzer Pfeffer

2 TL Cayennepfeffer
1 TL gemahlener Kreuzkümmel
1 TL getrockneter Oregano
4 Stücke Heilbuttfilet (je etwa 175 g schwer
  und 2–3 cm dick)
1 EL Olivenöl

12 Mais- oder Weizentortillas
1 kleine Mango (etwa 350 g), das Fruchtfleisch
  in dünne Spalten geschnitten
2 Limetten, in Spalten geschnitten

1. Den Grill für direkte mittlere Hitze (175–230 °C) vorbereiten (siehe Seite 12–13).

2. Die Jalapeños rundherum mit 1 TL Öl bestreichen. Die saure Sahne, das Koriandergrün, die Mayonnaise und ¼ TL Salz in die Küchenmaschine geben.

3. Den Grillrost mit der Bürste säubern. Die Jalapeños bei geschlossenem Deckel über *direkter mittlerer Hitze* etwa 10 Min. grillen, bis sie braun sind und weich werden, dabei gelegentlich wenden.

4. In der Zwischenzeit den Kohl in einer großen Schüssel mit Mayonnaise und Essig mischen. Den Krautsalat mit Salz und Pfeffer würzen; bis zum Servieren zugedeckt bei Raumtemperatur beiseitestellen.

5. Die Jalapeños auf ein Schneidebrett legen. Die Stiele abschneiden. 4 Schoten in 1–1,5 cm breite Streifen schneiden; in eine kleine Schüssel geben und später zu den Tacos servieren. Die restlichen

TIPP!

Die Schärfe von Jalapeño-Chilischoten variiert stark. Wie scharf die einzelnen Schoten sind, können Sie prüfen, indem Sie mit dem Finger über eine Schnittfläche streichen und anschließend die Zungenspitze berühren. Am schärfsten sind die Chilisamen. Man kann sie nach Belieben entfernen oder belassen und so die Schärfe des Gerichts bestimmen.

beiden Schoten ebenfalls in Streifen schneiden.
Die Hälfte dieser Streifen zu den anderen
Zutaten in der Küchenmaschine geben und alles
glatt pürieren. Die Creme abschmecken und
nach Belieben mehr Chilistreifen untermixen.
Nicht verwendete Streifen zu den anderen in
die Schüssel geben. Die Creme in eine Servierschüssel füllen.

6. Das Chilipulver mit dem Kreuzkümmel, dem
Oregano und 1 TL Salz mischen. Die Fischfilets mit 1 EL Öl bestreichen und mit der Chili-
mischung bestreuen.

7. Den Grillrost mit der Bürste säubern. Die
Filets bei geschlossenem Deckel über *direkter
mittlerer Hitze* etwa 10 Min. grillen, bis sie innen
nicht mehr glasig, aber noch saftig sind; dabei
einmal wenden, sobald sie sich leicht vom Rost
lösen lassen. Vom Grill nehmen und jedes Filet
in drei Stücke teilen.

8. Die Tortillas über *direkter mittlerer Hitze* auf
jeder Seite etwa 15 Sek. erwärmen. Mit Fisch,
Krautsalat, Jalapeños, Mango und Jalapeño-
Creme füllen. Mit Limettenspalten servieren.

FÜR 6 PERSONEN

HEILBUTT MIT MOLE-SAUCE

VORBEREITUNGSZEIT: 30 Min.
EINWEICHZEIT FÜR DIE CHILISCHOTEN: 1 Std.
GRILLZEIT: 8–10 Min.

Für die Mole-Sauce

2 getrocknete Chilischoten
  (vorzugsweise Ancho)
1 weiße Zwiebel, fein gewürfelt
1 EL Öl
1 TL fein gehackter Knoblauch
½ TL gemahlener Kreuzkümmel
½ TL gemahlener Zimt
⅛ TL gemahlene Gewürznelke
¾ TL grobes Meersalz
⅛ TL frisch gemahlener schwarzer Pfeffer
1 Dose stückige Tomaten (400 g)
30 g Bitterschokolade (85 % Kakaoanteil),
  fein gehackt
75 g geröstete Erdnusskerne
10–15 g gehacktes Koriandergrün
2 TL Zucker

6 Heilbuttfilets ohne Haut (je etwa 175 g
  schwer und 2–3 cm dick)
1 EL Olivenöl
1½ TL getrockneter Oregano
  (vorzugsweise Mexikanischer)
½ TL grobes Meersalz
¼ TL frisch gemahlener schwarzer Pfeffer
¼ TL Knoblauchgranulat

1. Die Chilischoten in einer kleinen Schüssel mit gut 250 ml kochend heißem Wasser übergießen und mind. 1 Std. einweichen. Anschließend herausnehmen; das Wasser zum Verdünnen der Sauce aufbewahren. Von den Schoten Stiele und Samen entfernen. Die Schoten grob hacken.

2. Eine große Pfanne bei mittlerer Hitze heiß werden lassen. Die Zwiebelwürfel darin im Öl unter Rühren in etwa 10 Min. weich garen. Chilis, Knoblauch, Kreuzkümmel, Zimt, Nelke, Salz und Pfeffer unterrühren. Etwa 1 Min. rühren, bis Duft aufsteigt. Die Tomaten mit 125 ml Einweichwasser von den Chilis hinzufügen. Unter gelegentlichem Rühren etwa 10 Min. köcheln lassen, bis die Tomatenstücke zerfallen.

3. Den Grill für direkte mittlere Hitze (175–230 °C) vorbereiten (siehe Seite 12–13).

4. Die heiße Chili-Tomaten-Mischung mit Schokolade, Erdnüssen, Koriandergrün und Zucker im den Mixer geben und glatt pürieren; falls nötig, mehr Einweichflüssigkeit hinzufügen. Die Sauce mit Salz und Zucker abschmecken, in die Pfanne geben und warm halten.

5. Die Fischfilets auf beiden Seiten mit dem Olivenöl bestreichen und gleichmäßig mit Oregano, Salz, Pfeffer und Knoblauchgranulat bestreuen.

6. Den Grillrost mit der Bürste säubern. Die Filets bei geschlossenem Deckel über *direkter mittlerer Hitze* 8–10 Min. grillen, bis sie nicht mehr glasig, aber noch saftig sind, dabei einmal wenden. Vom Grill nehmen und sofort mit der Sauce servieren.

FÜR 6 PERSONEN

HEILBUTT MIT MÖHREN UND ZUCCHINI
AUF NORDAFRIKANISCHE ART

VORBEREITUNGSZEIT: 25 Min.
MARINIERZEIT: 1/2–2 Std.
GRILLZEIT: 14–18 Min.
ZUBEHÖR: gelochte Grillpfanne

Für die Marinade
6 EL Olivenöl
3 EL grob gehackte Minze
3 EL Zitronensaft
1 EL Paprikapulver
1 EL gehackter Knoblauch
2 TL gemahlener Kreuzkümmel
2 TL gemahlener Koriander
1 TL grobes Meersalz
½ TL gemahlener Ingwer
¼ gehäufter TL Cayennepfeffer

500 g Möhren, schräg in etwa 1 cm dicke
   Scheiben geschnitten
grobes Meersalz
350 g Zucchini, schräg in etwa 1 cm dicke
   Scheiben geschnitten
frisch gemahlener schwarzer Pfeffer
4 Stücke Heilbuttfilet (je etwa 200 g schwer
   und 2–3 cm dick)
Minzezweige
1 Bio-Zitrone, in Spalten geschnitten

1. Die Zutaten für die Marinade in einer Schüssel verquirlen. 3 EL davon zum Bestreichen der gegrillten Filets beiseitestellen und 3 EL Marinade in eine flache Schale geben.

2. Die Möhren in kochendem Salzwasser in 3–4 Min. bissfest garen; in ein Sieb abgießen und abtropfen lassen.

3. Möhren in der verbliebenen Marinade in der Schüssel mischen und mit ¼ TL Pfeffer würzen. Mit etwas Marinade in eine andere Schüssel füllen. Nun die Zucchini in der Marinade in der Schüssel mischen, ebenfalls mit ¼ TL Pfeffer würzen. Fisch in die Marinade in der Schale geben und darin wenden; mit ½ TL Pfeffer bestreuen. Fisch zudecken und kalt stellen; Gemüse bei Raumtemperatur ½–2 Std. durchziehen lassen.

4. Grill für direkte mittlere Hitze (175–230 °C) vorbereiten (siehe Seite 12–13). Die Grillpfanne vorheizen. Die Möhrenscheiben in einer Schicht in die Grillpfanne geben. Bei geschlossenem Deckel über *direkter mittlerer Hitze* 5–6 Min. grillen, dabei einmal wenden. Die Zucchini hinzufügen und das Gemüse 3–4 Min. grillen, dabei einmal wenden. Die Pfanne vom Grill nehmen und die Grilltemperatur auf starke Hitze (230–290°C) erhöhen.

5. Den Grillrost mit der Bürste säubern. Den Fisch bei geschlossenem Deckel über *direkter starker Hitze* 6–8 Min. grillen, bis er innen gerade nicht mehr glasig ist, dabei einmal wenden. Vom Grill nehmen, mit der beiseitegestellten Marinade bestreichen und mit Gemüse, Minzezweigen und Zitronenspalten servieren.

FÜR 4 PERSONEN

FISH AND CHIPS
MIT MEERRETTICH-REMOULADE

VORBEREITUNGSZEIT: 25 Min.
GRILLZEIT: 15–17 Min.

Für die Remoulade

200 g Mayonnaise
2 EL Tafelmeerrettich
1½ EL Essig (vorzugsweise Malz- bzw.
   Bieressig)
1 EL fein gehackte Gewürzgurken

2 große mehligkochende Kartoffeln
   (je etwa 400 g)
3 EL Olivenöl
½ TL grobes Meersalz

Für den Fisch

60 g Mehl
2 große Eier (L), verquirlt
120 g Panko-Mehl (japanische Semmelbrösel)
¾ TL grobes Meersalz
¾ TL frisch gemahlener schwarzer Pfeffer
1 Heilbuttfilet (etwa 750 g schwer und knapp
   3 cm dick), in etwa 10 cm große Stücke
   geschnitten
Öl zum Frittieren

1. Die Zutaten für die Remoulade in einer kleinen Schüssel verrühren; zudecken und kalt stellen.

2. Den Grill für direkte mittlere Hitze (175–230 ºC) vorbereiten (siehe Seite 12–13).

3. Die Kartoffeln in etwa 10 x 2,5 x 1 cm breite Streifen schneiden; diese in einer Schüssel gründlich mit Olivenöl und Salz mischen.

4. Für den Fisch das Mehl, die Eier und das Panko-Mehl getrennt in tiefe Teller geben und jeweils mit ¼ TL Salz und ¼ TL Pfeffer mischen. Ein Stück Fischfilet erst in Mehl, dann in Ei (überschüssiges Ei abtropfen lassen) und anschließend in Bröseln wenden; die Brösel dabei andrücken. Das Stück auf eine Platte legen und mit den restlichen Fischstücken ebenso verfahren.

5. Den Grillrost mit der Bürste säubern. In einer hohen Pfanne auf dem Herd Öl zum Frittieren erhitzen. Die Kartoffelstreifen auf den Rost legen und bei *direkter mittlerer Hitze* etwa 5 Min. grillen, bis sie Farbe angenommen haben.

6. Die Kartoffelstreifen wenden. Die Öltemperatur testen: Gibt man ein paar Brotwürfel hinein, müssen sie sofort zu brutzeln beginnen. Die Fischstücke vorsichtig nebeneinander in die Pfanne legen; sie sollen einander nicht berühren. Die Filets frittieren, bis sie innen weiß, aber noch saftig und die Panade schön gebräunt ist; währenddessen einmal wenden. Am besten garen Sie den Fisch in zwei Portionen, dann wird es in der Pfanne nicht so eng. Nach dem Wenden der Fischstücke prüfen, ob die Kartof-

feln gar sind. Die Chips mit dem Fisch auf einer Platte anrichten und sofort mit der Meerrettich-Remoulade servieren.

FÜR 4 PERSONEN

TIPP!

Die erste Portion gegarten Fisch mit den Chips auf ein Backblech geben und im Backofen bei knapp 100 °C warm halten, bis alle Portionen fertig sind.

THUNFISCH-BRÖTCHEN
MIT WASABI-MAYONNAISE

VORBEREITUNGSZEIT: 15 Min.
GRILLZEIT: 1–2 Min.

Für die Wasabi-Mayonnaise
125 g Mayonnaise
1 EL Wasabipaste
2 TL geröstetes Sesamöl

2 Thunfischsteaks (je etwa 350 g schwer
   und etwa 2 cm dick)
2 EL Öl
8 kleine Hamburger-Brötchen, aufgeschnitten
2 EL eingelegte Ingwerscheiben, abgetropft
2 Handvoll Radieschensprossen

1. Den Grill für direkte starke Hitze
(230–290 °C) vorbereiten (siehe Seite 12–13).

2. Für die Sauce die Mayonnaise in einer kleinen
Schüssel mit den restlichen Zutaten glatt rühren.

3. Die Steaks in acht Stücke schneiden, die in
etwa so groß sind wie die Brötchen. Die Stücke
auf beiden Seiten mit Öl bestreichen.

4. Den Grillrost mit der Bürste säubern. Den
Fisch bei geöffnetem Deckel über *direkter
starker Hitze* etwa 2 Min. grillen, bis er außen
Farbe angenommen hat, innen aber noch roh
ist. Gleichzeitig die Brötchenhälften mit den
Schnittflächen nach unten über direkter Hitze
etwa 1 Min. rösten. Fisch und Brötchenhälften
vom Grill nehmen.

5. Die unteren Brötchenhälften mit der Mayonnaise bestreichen. Darauf die Fischstücke anrichten; mit Ingwer und Radieschensprossen
garnieren. Die oberen Brötchenhälften daraufsetzen und das Ganze sofort servieren.

FÜR 2–4 PERSONEN;
FÜR 8 PERSONEN ALS VORSPEISE

62

THUNFISCH-TOMATEN-TAJINE

VORBEREITUNGSZEIT: 15 Min.
GRILLZEIT: etwa 25 Min.
ZUBEHÖR: Gusseisenpfanne (30 cm Ø) oder Tajine

1 EL Öl
1 kleine Zwiebel, fein gewürfelt
½ TL grobes Meersalz
2 TL fein gehackter Knoblauch
1 EL und 1 TL Currypulver
etwa 500 g Tomaten, gewürfelt
2 Möhren, in etwa 5 cm lange
   Stifte geschnitten
250 ml Gemüse- oder Hühnerbrühe
150 g entsteinte grüne Oliven
750 g Weißer Thunfisch ohne Haut,
   in etwa 3 cm große Stücke geschnitten
3 EL fein gehacktes Koriandergrün

1. Den Grill für direkte mittlere Hitze (175–230 °C) vorbereiten (siehe Seite 12–13).

2. Den Grillrost mit der Bürste säubern. Die Pfanne oder die Tajine über *direkte mittlere Hitze* stellen; Öl, Zwiebelwürfel und Salz hineingeben. Die Zwiebelwürfel unter gelegentlichem Rühren (dabei den Grilldeckel jedes Mal wieder schließen) in etwa 5 Min. glasig dünsten. Knoblauch, Currypulver, Tomaten, Möhren, Brühe und Oliven unterrühren und alles garen, bis die Tomatenstücke weich sind und sich mit einem Löffelrücken zerdrücken lassen, dabei einmal umrühren. Den Thunfisch dazugeben und etwa 10 Min. garen, bis er innen noch rosa ist, dann das Koriandergrün unterrühren. Das Gericht sofort servieren. Dazu passt Couscous.

FÜR 4 PERSONEN

64

THUNFISCH-KARTOFFEL-SALAT
MIT ZUCKERSCHOTEN

VORBEREITUNGSZEIT: 25 Min.
GRILLZEIT: 17–24 Min.

Für das Dressing
50 g Parmesan, frisch gerieben
1½ EL Zitronensaft
1½ EL Balsamico bianco
2 TL Dijon-Senf
1½ TL fein gehackter Knoblauch
1 TL Worcestersauce
½ TL frisch gemahlener schwarzer Pfeffer

Olivenöl

200 g Zuckerschoten, quer schräg halbiert
grobes Meersalz
frisch gemahlener schwarzer Pfeffer
600 g sehr kleine neue Kartoffeln
   (je 2–3 cm Ø)
1 große rote Paprikaschote, in vier flache
   Stücke geschnitten
2 Thunfischsteaks (vorzugsweise vom
   Gelbflossenthunfisch; je etwa 350 g
   schwer und 3–4 cm dick)
12 Romanasalatblätter

1. Den Grill für direkte mittlere Hitze (175–230°C) vorbereiten (siehe Seite 12–13).

2. Die Zutaten für das Dressing in einer kleinen Schüssel verquirlen. Nach und nach 4 EL Olivenöl darunterschlagen.

3. In einem Topf Wasser aufkochen lassen. Die Zuckerschoten hineingeben. Sobald das Wasser erneut aufkocht, die Schoten in ein Sieb schütten und kalt abspülen. In einer großen Schüssel 2 EL Öl mit ½ TL Salz und ¼ TL Pfeffer verquirlen. Kartoffeln und Paprikastücke hinzufügen und durch Wenden damit überziehen. Die Thunfischsteaks auf beiden Seiten mit Öl bestreichen und gleichmäßig mit Salz und Pfeffer bestreuen.

4. Den Grillrost mit der Bürste säubern. Kartoffeln bei geschlossenem Deckel über **direkter mittlerer Hitze** 10 Min. grillen, dann die Paprikastücke dazulegen und 6–8 Min. weitergrillen; alles gelegentlich wenden. Sobald die Kartoffeln goldbraun und ziemlich weich sind (nach insgesamt 15–20 Min.) und die Paprikastücke an den Rändern schwarz werden, die Kartoffeln in eine große Schüssel geben. Die Paprika grob hacken und hinzufügen. Die Grilltemperatur auf starke Hitze (230–290 °C) erhöhen.

5. Die Thunfischsteaks bei geöffnetem Deckel über **direkter starker Hitze** grillen, bis der gewünschte Gargrad erreicht ist (nach 2–4 Min. sind sie innen noch rot), dabei einmal wenden. Vom Grill nehmen und in 2–3 cm große Würfel schneiden. Diese mit Zuckerschoten, Kartoffeln, Paprika und Dressing mischen. Den Thunfisch-Kartoffel-Salat auf Salatblättern anrichten.

FÜR 4 PERSONEN

THUNFISCHSPIESSE
MIT ZUCCHINI, AUBERGINEN UND TOMATEN

VORBEREITUNGSZEIT: 30 Min.
MARINIERZEIT: 30 Min.
GRILLZEIT: 13–15 Min.
ZUBEHÖR: gelochte Grillpfanne;
12 Metall- oder Holzspieße (Holzspieße
mind. 30 Min. gewässert)

Für die Marinade

125 ml und 2 EL Olivenöl
3 EL gehacktes Basilikum
1½ EL fein gehackter Thymian
1½ EL fein gehackter Knoblauch
2½ TL fein gehackter Rosmarin
1 TL grobes Meersalz
¾ TL frisch gemahlener schwarzer Pfeffer

1 EL Sherry-Essig

1 große rote oder gelbe Paprikaschote, in vier
   Stücke geschnitten
2 Zucchini (je etwa 150 g), längs geviertelt
2 dünne Auberginen (je etwa 100 g),
   längs geviertelt
36 Cocktailtomaten

800 g Thunfischsteaks (vorzugsweise vom
   Gelbflossenthunfisch; je etwa 3 cm dick),
   in etwa 4 cm große Stücke geschnitten
150 g Ziegenfrischkäse, zerbröckelt

1. Für die Marinade 125 ml Olivenöl mit den restlichen Zutaten verquirlen. 2 EL Marinade in eine kleine Schüssel geben und mit einem Schneebesen 2 EL Olivenöl und den Sherry-Essig unterschlagen; die so entstandene Vinaigrette beiseitestellen.

2. Paprika, Zucchini und Auberginen mit etwas Marinade bestreichen. Die Thunfischstücke in die Marinade geben und darin wenden. Zudecken und 30 Min. kalt stellen.

3. In der Zwischenzeit den Grill für direkte und indirekte starke Hitze (230–290 ºC) vorbereiten (siehe Seite 12–13). Die Grillpfanne über *indirekter Hitze* heiß werden lassen.

4. Paprika, Zucchini und Auberginen nebeneinander in die Grillpfanne legen. Das Gemüse bei geschlossenem Deckel über *indirekter starker Hitze* etwa 10 Min. grillen, bis es gar, aber noch bissfest ist, dabei ein- bis zweimal wenden. Die Pfanne mit dem Gemüse vorsichtig vom Grill nehmen. Paprika in etwa 2 cm große Quadrate, Zucchini und Auberginen quer in etwa 2 cm breite Stücke schneiden. Paprika, Zucchini, Auberginen, Tomaten und Thunfisch abwechselnd auf Spieße stecken.

5. Den Grillrost mit der Bürste säubern. Die Spieße bei geschlossenem Deckel über *direkter starker Hitze* 3–5 Min. grillen, bis der Fisch außen leicht gebräunt, innen aber noch mehr oder weniger rot (je nach Vorliebe) ist, dabei ein- bis zweimal wenden. Die Spieße auf einer Servierplatte anrichten, mit der Vinaigrette beträufeln und mit dem Käse bestreuen. Sofort servieren.

FÜR 4–6 PERSONEN

THUNFISCH MIT BASILIKUM-AÏOLI
AUF GERÖSTETEM BAUERNBROT

VORBEREITUNGSZEIT: 15 Min.
GRILLZEIT: 4–6 Min.

Für die Aïoli

40 g Basilikumblätter
125 g Mayonnaise
3 EL Zitronensaft
1 große Knoblauchzehe, gewürfelt
½ TL grobes Meersalz
¼ TL frisch gemahlener schwarzer Pfeffer

4 Scheiben Sauerteigbrot (je etwa 10 cm groß
und etwa 2 cm dick)
Olivenöl
4 Thunfischsteaks (je etwa 150 g schwer
und etwa 2 cm dick)
grobes Meersalz
frisch gemahlener schwarzer Pfeffer
1 kleine Tomate, fein gewürfelt

1. Den Grill für direkte starke Hitze (230–290 °C) vorbereiten (siehe Seite 12–13).

2. Das Basilikum in der Küchenmaschine fein zerkleinern. Die restlichen Zutaten für die Aïoli hinzufügen und alles glatt mixen.

3. Die Brotscheiben auf beiden Seiten dünn mit Olivenöl bestreichen. Die Thunfischsteaks mit 1 EL Öl bestreichen, salzen und pfeffern.

4. Den Grillrost mit der Bürste säubern. Die Steaks bei geschlossenem Deckel über *direkter starker Hitze* 4–6 Min. grillen, bis sie gerade nicht mehr glasig sind, dabei einmal wenden. Während der letzten Minute der Grillzeit die Brotscheiben über direkter Hitze rösten, dabei ein- bis zweimal wenden. Brotscheiben und Fischsteaks vom Grill nehmen.

5. Die Brotscheiben großzügig mit Aïoli bestreichen. Jeweils ein Thunfischsteak darauf anrichten und mit Aïoli und Tomatenwürfeln garnieren. Sofort servieren.

FÜR 4 PERSONEN

THUNFISCHSTEAKS
MIT BALSAMICO-GLASUR UND SPINAT

VORBEREITUNGSZEIT: 20 Min.
GRILLZEIT: 4–6 Min.

125 ml Aceto balsamico
2 EL Honig

4 Thunfischsteaks (je etwa 150 g schwer
und etwa 2 cm dick)
Olivenöl
grobes Meersalz
frisch gemahlener schwarzer Pfeffer

1 rote Zwiebel, halbiert und in dünne
Halbringe geschnitten
1 EL fein gehackter Knoblauch
50 g Pinienkerne
80 g entsteinte grüne Oliven in Lake, halbiert
75 g Rosinen
¼ TL Chiliflocken
2 Sardellenfilets in Öl, trocken getupft
und fein gehackt
200 g junger Blattspinat

1. Den Essig in einem kleinen Topf mit dem Honig unter gelegentlichem Rühren aufkochen und bei mittlerer Hitze unter häufigem Rühren köcheln lassen, bis die Mischung auf etwa 75 ml eingekocht ist. Vom Herd nehmen.

2. Den Grill für direkte starke Hitze (230–290 °C) vorbereiten (siehe Seite 12–13).

3. Die Steaks auf beiden Seiten mit Öl bestreichen; salzen und pfeffern.

4. Den Grillrost mit der Bürste säubern. Die Steaks bei geschlossenem Deckel über **direkter starker Hitze** 4–6 Min. grillen, bis sie gerade nicht mehr glasig sind, dabei einmal wenden. Vom Grill nehmen.

5. In einer großen Pfanne 2 EL Öl heiß werden lassen. Zwiebel, Knoblauch und Pinienkerne darin bei mittlerer Hitze unter Rühren 2–4 Min. braten, bis die Zwiebelwürfel weich werden und die Pinienkerne Farbe annehmen. Oliven, Rosinen, Chiliflocken und Sardellen dazugeben und etwa 1 Min. rühren. Den Spinat in zwei Portionen hinzufügen und in je 1 Min. unter Rühren zusammenfallen lassen. Mit Salz und Pfeffer würzen, zudecken und warm halten.

6. Die Balsamico-Glasur bei mittlerer Hitze aufwärmen. Falls sie zum Träufeln zu dick ist, 1–3 TL Wasser unterrühren. Die Spinatmischung auf vier Teller verteilen und jeweils ein Steak darauflegen. Den Fisch großzügig, den Spinat sparsam mit der Glasur beträufeln. Die restliche Glasur separat dazu reichen.

FÜR 4 PERSONEN

MARINIERTER KABELJAU
MIT ZITRONEN-PETERSILIEN-CHIMICHURRI

VORBEREITUNGSZEIT: 15 Min.
MARINIERZEIT: etwa 20 Min.
GRILLZEIT: 7–9 Min.
ZUBEHÖR: Fischpalette

Für die Marinade
abgeriebene Schale und Saft
   von 1 Bio-Zitrone
1 EL Olivenöl
2 TL fein gehackter Knoblauch
¼ TL grobes Meersalz
¼ TL frisch gemahlener schwarzer Pfeffer

4 Stücke Kabeljaufilet mit Haut (je etwa
   175 g schwer und etwa 2 cm dick)

Für das Chimichurri
75 g glatte Petersilie, grob gehackt
75 ml Olivenöl
abgeriebene Schale und Saft
   von 1 großen Bio-Zitrone
1 Knoblauchzehe
1 TL getrockneter Oregano
½ TL Chiliflocken
¼ TL grobes Meersalz
⅛ TL frisch gemahlener schwarzer Pfeffer

1. Die Zutaten für die Marinade in einer kleinen Schüssel mischen. Die Filets auf eine Platte legen und auf beiden Seiten mit der Marinade bestreichen. 20 Min. bei Raumtemperatur durchziehen lassen, während der Grill aufheizt.

2. Den Grill für direkte mittlere Hitze (175–230 °C) vorbereiten (siehe Seite 12–13).

3. Die Zutaten für das Chimichurri in der Küchenmaschine zu einer glatten Sauce mixen. Bis zum Servieren im Gerät lassen.

4. Den Grillrost mit der Bürste säubern. Die Filets mit den Fleischseiten nach unten bei geschlossenem Deckel über *direkter mittlerer Hitze* 7–9 Min. grillen, bis sie innen gerade nicht mehr glasig sind, dabei einmal wenden, sobald sie sich vom Rost lösen lassen. Die Fischpalette zwischen Kabeljauhaut und -fleisch schieben. Die Filets abheben und ohne die Haut auf Teller geben. Das Chimichurri noch einmal kurz durchmixen. Etwas Chimichurri über den Fisch geben. Die restliche Sauce sowie, nach Belieben, gegrillte Tomaten und Brot zum Fisch reichen.

FÜR 4 PERSONEN

TIPP!
Kabeljaufilets sind so empfindlich, dass sie sich auf dem Grill oft schwer wenden lassen. Wenn Sie die Fischfilets mit den Hautseiten nach unten bei geschlossenem Deckel über *indirekter starker Hitze* 6–8 Min. grillen, brauchen sie nicht gewendet zu werden.

KABELJAU AUS DER FOLIE
MIT GEMÜSE UND MEERRETTICHCREME

VORBEREITUNGSZEIT: 25 Min.
GRILLZEIT: etwa 15 Min.

Für die Meerrettichcreme

125 g saure Sahne
4 EL Schnittlauchröllchen
75 g Tafelmeerrettich
4 EL Zitronensaft
grobes Meersalz
frisch gemahlener schwarzer Pfeffer

100 g Butter
250 g Champignons, die Stiele entfernt,
  die Köpfe in dünne Scheiben geschnitten
grobes Meersalz
frisch gemahlener schwarzer Pfeffer

4 Kabeljaufilets mit Haut (je 175–200 g
  schwer und 2–2,5 cm dick)
400 g rotschalige Kartoffeln, in 0,5–1 cm
  dicke Scheiben geschnitten
3 EL Schnittlauchröllchen
1 TL abgeriebene Schale von 1 Bio-Zitrone
16 grüne Spargelstangen, holzige Enden
  entfernt, die Stangen in etwa 10 cm lange
  Stücke geschnitten

1. Die Zutaten für die Meerrettichcreme in einer kleinen Schüssel verrühren. Die Creme zudecken und, falls sie nicht gleich verwendet wird, kalt stellen; vor dem Servieren Raumtemperatur annehmen lassen.

2. In einer Pfanne 1 EL Butter bei mittlerer Hitze heiß werden lassen. Die Pilze darin mit ½ TL Salz und ⅛ TL Pfeffer unter häufigem Rühren 5–6 Min. braten, bis sie weich und gebräunt sind. Vom Herd nehmen.

3. Den Grill für direkte mittlere bis starke Hitze (etwa 230 °C) vorbereiten (siehe Seite 12–13).

4. Vier Stücke Alufolie (je etwa 30 x 40 cm) nebeneinander auf die Arbeitsfläche legen. Die restliche Butter in einer kleinen Glasschüssel im Mikrowellengerät oder in einem Töpfchen auf dem Herd zerlassen. Die Filets auf beiden Seiten dünn mit flüssiger Butter bestreichen. Die Folienstücke in der Mitte großzügig mit Butter bestreichen. Kartoffeln, Pilze, Fischfilets, Schnittlauch, Zitronenschale und Spargel gleichmäßig darauf verteilen. Die Stapel mit je 1 TL zerlassener Butter beträufeln und die Folien zu fest geschlossenen Päckchen zusammenfalten.

5. Den Grillrost mit der Bürste säubern. Die Päckchen bei geschlossenem Deckel über *direkter mittlerer bis starker Hitze* etwa 15 Min. grillen. Dann sollten die Kartoffeln weich sein und der Fisch sich leicht zerpflücken lassen. Die Päckchen auf Teller geben und öffnen, den Inhalt mit der Meerrettichcreme beträufeln. Servieren.

FÜR 4 PERSONEN

FISCHFRIKADELLEN AUF BLATTSALAT
MIT ZITRONEN-KAPERN-VINAIGRETTE

VORBEREITUNGSZEIT: 35 Min.
GRILLZEIT: 8–12 Min.
ZUBEHÖR: Grillplatte aus Gusseisen (30 cm Ø)

3 EL Olivenöl
½ kleine Zwiebel, fein gewürfelt
500 g Pazifikdorsch-Filet
70 g sehr kleine Kapern (Nonpareilles)
Saft von ½ großen Zitrone
2 große Eier (L)
100 g Panko-Mehl (japanische Semmelbrösel)
½ TL grobes Meersalz
¼ TL frisch gemahlener schwarzer Pfeffer

Für die Vinaigrette

100 ml Olivenöl
35 g sehr kleine Kapern (Nonpareilles)
2 EL gehackte glatte Petersilie
Saft von 1 großen Zitrone
1 EL Dijon-Senf
frisch gemahlener schwarzer Pfeffer

150 g gemischter Blattsalat

1. Eine große Pfanne bei mittlerer Hitze heiß werden lassen. 1 EL Öl hineingeben und die Zwiebelwürfel darin unter gelegentlichem Rühren in 4–5 Min. glasig dünsten.

2. Den Grill für direkte mittlere Hitze (175–230 °C) vorbereiten (siehe Seite 12–13) und die Grillplatte vorheizen.

3. Den Fisch in der Küchenmaschine in Intervallen grob zerkleinern. Kapern und Zitronensaft hinzufügen und in zwei bis drei Intervallen untermixen. Die Eier in einer Schüssel verquirlen. Zwiebel, Fischmasse, Semmelbrösel, Salz und Pfeffer untermischen.

4. Die restlichen 2 EL Öl auf die Grillplatte träufeln. Die Platte mit Grillhandschuhen schwenken, bis die gesamte Fläche von Öl überzogen ist.

5. Die Frikadellenmasse in acht Häufchen auf das Blech setzen und diese zu etwa 2 cm dicken Frikadellen flach drücken. Die Frikadellen bei geschlossenem Deckel über *direkter mittlerer Hitze* 5–7 Min. grillen, bis sie unten gebräunt sind und sich leicht von der Platte lösen lassen. Wenden und 3–5 Min. weitergrillen, bis sie gar und auf der zweiten Seite ebenfalls gebräunt sind. Vom Grill nehmen.

6. Inzwischen die Zutaten für die Vinaigrette im Mixer mischen. Die Salatblätter in einer Schüssel mit etwas Vinaigrette anmachen und auf vier Teller verteilen. Die Frikadellen darauf anrichten; mit der restlichen Vinaigrette servieren.

FÜR 4 PERSONEN

SEEZUNGENRÖLLCHEN
MIT SCHINKEN, TAPENADE UND TOMATE

VORBEREITUNGSZEIT: 15 Min.
GRILLZEIT: 8–10 Min.
ZUBEHÖR: 8 Metall- oder Holzspieße
(je 20 cm lang; Holzspieße mind.
30 Min. gewässert)

4 dünne Scheiben luftgetrockneter Schinken
   (je etwa 8 x 20 cm)
4 Seezungenfilets (je etwa 8 x 20 cm groß)
¼ TL frisch gemahlener schwarzer Pfeffer
70 g Tapenade (Olivenpaste)
1 Tomate, entkernt und fein gehackt
1 EL Olivenöl

1. Den Grill für direkte mittlere Hitze
(175–230 ºC) vorbereiten (siehe Seite 12–13).

2. Die Schinkenscheiben nebeneinander auf
der Arbeitsfläche ausbreiten. Die Filets pfeffern
und mit der Tapenade bestreichen. Darauf die
gehackte Tomate geben. Ein Filet von einer
Schmalseite her aufrollen. Die Rolle dann auf
eine Schinkenscheibe setzen und einwickeln.
Zwei Spieße quer durch die Rolle schieben, jeweils etwa 3 cm von den Rändern entfernt. Die
Seezungen-Schinken-Rolle dünn mit Öl bestreichen und beiseitelegen. Mit den restlichen Filets
ebenso verfahren.

3. Den Grillrost mit der Bürste säubern. Die
Seezungenrollen bei geschlossenem Deckel über
direkter mittlerer Hitze 8–10 Min. grillen, bis
der Schinken gebräunt und der Fisch nicht mehr
glasig ist, dabei einmal wenden. Vom Grill nehmen und sofort servieren.

FÜR 4 PERSONEN ALS VORSPEISE

TILAPIAFILETS
MIT KÜRBISKERN-KORIANDER-BUTTER

VORBEREITUNGSZEIT: 20 Min.
GRILLZEIT: 4–6 Min.
ZUBEHÖR: Gewürzmühle oder Mörser

Für die Kürbiskern-Koriander-Butter

4 EL ungesalzene und ungeröstete
   geschälte Kürbiskerne
1 EL Korianderkörner
100 g Butter
1½ EL Limettensaft
1 EL Honig
1 TL Tabasco
1 TL abgeriebene Schale von 1 Bio-Limette
20 g und 2 EL gehacktes Koriandergrün

4 Tilapiafilets (je etwa 175 g schwer und
   1,5–2 cm dick)
2 EL Olivenöl
grobes Meersalz
frisch gemahlener schwarzer Pfeffer

2 Bio-Limetten, in dünne Scheiben
   geschnitten

1. Den Grill für direkte starke Hitze (230–290 ºC) vorbereiten (siehe Seite 12–13).

2. Für die Kürbiskern-Koriander-Butter die Kürbiskerne mit den Korianderkörnern in der Gewürzmühle oder im Mörser grob zerkleinern und mit den restlichen Zutaten sowie ½ TL Salz und ¼ TL Pfeffer in einen kleinen Topf geben. Das Ganze bei mittlerer Hitze unter gelegentlichem Rühren heiß werden lassen, bis die Butter geschmolzen ist, dann 20 g gehacktes Koriandergrün untermischen.

3. Die Filets gleichmäßig mit dem Öl und etwa einem Drittel der Würzbutter bestreichen, dann salzen und pfeffern.

4. Den Grillrost mit der Bürste säubern. Die Filets bei geschlossenem Deckel über *direkter starker Hitze* 4–6 Min. grillen, bis sie gerade nicht mehr glasig sind, dabei einmal wenden. Die Limettenscheiben 30–60 Sek. grillen, bis sie Grillstreifen haben, dabei ebenfalls einmal wenden. Fisch und Limettenscheiben vom Grill nehmen.

5. Auf vier Teller jeweils ein Filet und einige Limettenscheiben geben. Die Butter, falls nötig, erneut erhitzen. Die Fischfilets mit der Butter beträufeln, mit 2 EL Koriandergrün bestreuen und sofort servieren.

FÜR 4 PERSONEN

WOLFSBARSCHFILETS MIT
GEGRILLTEN ORANGENSCHEIBEN UND OLIVEN-RELISH

VORBEREITUNGSZEIT: 15 Min.
GRILLZEIT: etwa 4 Min.

4 Wolfsbarschfilets mit Haut (je 120–170 g
 schwer und 1–1,5 cm dick)
1 große Bio-Orange (Navel), ungeschält
 quer in acht dünne Scheiben geschnitten
5 EL Olivenöl
grobes Meersalz
frisch gemahlener schwarzer Pfeffer

1½ EL fein gewürfelter Knoblauch
2 TL gehackter Rosmarin
175 g entsteinte grüne Oliven in Lake
1 EL lange, dünne Zesten von 1 Bio-Orange
5 EL Orangensaft
3 EL Balsamico bianco

1. Den Grill für direkte starke Hitze
(230–290 °C) vorbereiten (siehe Seite 12–13).

2. Die Haut der Filets nach Belieben je zwei- bis
dreimal einschneiden, damit sie sich beim Grillen
nicht wellt. Fisch und Orangenscheiben auf beiden Seiten mit Öl bestreichen; den Fisch salzen
und pfeffern.

3. Den Grillrost mit der Bürste säubern. Die
Fischfilets mit den Fleischseiten nach unten und
die Orangenscheiben bei geschlossenem Deckel
über *direkter starker Hitze* grillen – den Fisch
etwa 4 Min. und die Orangenscheiben 1–2 Min.
Fisch und Orangenscheiben dabei ein- bis zweimal wenden. Vom Grill nehmen.

4. In einer kleinen Pfanne 3 EL Öl bei *mittlerer
bis starker Hitze* heiß werden lassen. Den Knoblauch und den Rosmarin darin unter Rühren
30 Sek. braten. Oliven und Orangenzesten hinzufügen und alles unter Rühren weitere 30 Sek.
braten. Orangensaft und Essig dazugießen und
das Relish mit Salz und Pfeffer abschmecken.
Vom Herd nehmen.

5. Die Filets sofort mit den Orangenscheiben und
dem Oliven-Relish servieren.

FÜR 4 PERSONEN

76

WOLFSBARSCHFILETS
MIT BRAUNER HASELNUSSBUTTER

VORBEREITUNGSZEIT: 30 Min.
GRILLZEIT: 2–4 Min.

8 Wolfsbarschfilets mit oder ohne Haut
  (je etwa 100–125 g schwer und
  1–1,5 cm dick)
Olivenöl
4 TL fein gehackter Thymian
grobes Meersalz
frisch gemahlener schwarzer Pfeffer

75 g grob gehackte Haselnusskerne

100 g Butter, in vier Stücke geschnitten
2 EL grob gehackte glatte Petersilie
2 TL abgeriebene Schale von 1 Bio-Zitrone
1 Bio-Zitrone, in Spalten geschnitten

TIPP!

Anstelle von Haselnüssen können Sie Pekannüsse, statt Wolfsbarsch Seezunge verwenden. Zu diesem Gericht passt ein einfacher Pilaw am besten.

1. Den Grill für direkte starke Hitze (230–290 °C) vorbereiten (siehe Seite 12–13).

2. Die Filets auf beiden Seiten dünn mit Öl bestreichen und gleichmäßig mit Thymian, Salz und Pfeffer bestreuen.

3. Die gehackten Haselnusskerne in einer Pfanne ohne Fett bei mittlerer bis starker Hitze unter häufigem Rühren etwa 5 Min. rösten; in eine kleine Schüssel geben.

4. Den Grillrost mit der Bürste säubern. Die Fischfilets bei geschlossenem Deckel über *direkter starker Hitze* 2–4 Minuten grillen, bis sie innen gerade nicht mehr glasig sind, dabei einmal wenden; vom Grill nehmen.

5. Für die Haselnussbutter die Butter in einer Pfanne in einer Gusseisenpfanne über *direkter starker Hitze* in 3–4 Min. bräunen (nicht verbrennen lassen!), die Pfanne dabei gelegentlich schwenken. Von der Hitze nehmen und die Nüsse unter die Butter mischen. Die Haselnussbutter mit Salz und Pfeffer würzen.

6. Auf vier Teller je 2 Filets legen (nach Belieben vorher häuten). Die Haselnussbutter gleichmäßig darauf verteilen. Die Portionen mit Petersilie und Zitronenschale bestreuen und sofort mit den Zitronenspalten servieren.

FÜR 4 PERSONEN

GARNELEN-TOMATEN-SPIESSE
MIT SPINATSALAT UND ZAZIKI

VORBEREITUNGSZEIT: 30 Min.
GRILLZEIT: 2–4 Min.
ZUBEHÖR: 6 Metall- oder Holzspieße
(Holzspieße mind. 30 Min. gewässert);
Gewürzmühle oder Mörser

Für das Zaziki

200 g griechischer Sahnejoghurt
100 g Salatgurke, geraspelt
2 EL Zitronensaft
2 EL gehackter Dill
1 TL gehackter Knoblauch

grobes Meersalz
frisch gemahlener schwarzer Pfeffer
Olivenöl
2 EL Zitronensaft

24 große Garnelen, geschält und entdarmt
24 Cocktailtomaten (etwa 500 g)
½ TL Anissamen
150 g junger Blattspinat
½ rote Zwiebel, halbiert und in dünne
   Streifen geschnitten
75 g Kalamata-Oliven, entsteint und halbiert
200 g Schafskäse (z. B. Feta), grob zerbröckelt

1. Die Zutaten für das Zaziki in einer kleinen Schüssel verrühren. Das Zaziki mit Salz und Pfeffer würzen. Zudecken und bis zum Servieren kalt stellen.

2. In einer weiteren kleinen Schüssel 50 ml Öl mit ¼ TL Salz, ⅛ TL Pfeffer und 2 EL Zitronensaft zu einem Dressing verquirlen.

3. Den Grill für direkte starke Hitze (230–290 °C) vorbereiten (siehe Seite 12–13).

4. Garnelen und Tomaten abwechselnd auf die Spieße stecken (pro Spieß 4 Garnelen und 4 Tomaten). Garnelen und Tomaten rundherum mit 2 EL Öl bestreichen. Die Anissamen in der Gewürzmühle oder im Mörser fein zerkleinern, dann mit ½ TL Salz und ¼ TL Pfeffer mischen. Die Spieße gleichmäßig mit der Anismischung bestreuen.

5. Den Grillrost mit der Bürste säubern. Die Spieße bei geschlossenem Deckel über *direkter starker Hitze* 2–4 Min. grillen, bis die Garnelen fest sind und innen kaum noch rosa sind, dabei ein- bis zweimal wenden.

6. Den Spinat auf eine Servierplatte geben, mit Zwiebel, Oliven und Schafskäse bestreuen und das Ganze mit dem Dressing beträufeln. Garnelen und Tomaten von den Spießen streifen und auf dem Salat anrichten. Das Gericht sofort servieren und das Zaziki dazu reichen.

FÜR 4 PERSONEN

GARNELEN-MAIS-SALAT MIT AVOCADO
UND LIMETTEN-VINAIGRETTE

VORBEREITUNGSZEIT: 20 Min.
MARINIERZEIT: 15 Min.
GRILLZEIT: 10–12 Min.

Für die Vinaigrette
50 ml Limettensaft
50 ml Olivenöl
1½ TL Apfelessig
½ TL Adobo-Sauce (aus einem Glas mit
    eingelegten Chipotle-Chilis)
½ TL Knoblauchgranulat
¼ TL grobes Meersalz
⅛ TL frisch gemahlener schwarzer Pfeffer

3 Maiskolben, ohne Hüllblätter
750 g große Garnelen, geschält und entdarmt
150 g Rucola
1 große Avocado (vorzugsweise Hass),
    das Fruchtfleisch in mundgerechte Stücke
    geschnitten

1. Den Grill für direkte starke Hitze
(230–290 °C) vorbereiten (siehe Seite 12–13).

2. Die Zutaten für die Vinaigrette in einer kleinen Schüssel verquirlen. 2 EL Vinaigrette auf einen großen Teller, 2 EL in eine größere Schüssel geben. Den Rest beiseitestellen.

3. Die Maiskolben in der Vinaigrette auf dem Teller rollen; beiseitestellen. Die Garnelen in die größere Schüssel mit der Vinaigrette geben und darin wenden. Bei Raumtemperatur maximal 15 Min. marinieren – auf keinen Fall länger.

4. Den Grillrost mit der Bürste säubern. Die Maiskolben bei geschlossenem Deckel über *direkter starker Hitze* 10–12 Min. grillen, bis sie stellenweise gebräunt und die Körner weich sind, dabei drei- bis viermal wenden. Während der letzten 2–4 Min. der Grillzeit die Garnelen bei geschlossenem Deckel über *direkter starker Hitze* grillen, bis sie fest und nicht mehr rosa sind, dabei einmal wenden. Mais und Garnelen vom Grill nehmen.

5. Eine Servierschale mit dem Rucola auslegen. Die Maiskolben kurz abkühlen lassen, dann die Körner herunterschneiden und mit Garnelen und Avocado in die Schale geben. Den Salat unmittelbar vor dem Servieren mit der restlichen Vinaigrette beträufeln.

FÜR 4–6 PERSONEN

80

WOK-GARNELEN AUF THAI-ART
MIT SPINAT UND ERDNUSSSAUCE

VORBEREITUNGSZEIT: 15 Min.
GRILLZEIT: 7–10 Min.
ZUBEHÖR: Gusseisenpfanne oder -Wok (30 cm Ø)

Für die Sauce

1 EL Öl
1 EL frisch geriebener Ingwer
2 TL fein gehackter Knoblauch
1 Dose Kokosmilch (400 ml)
200 g Erdnusscreme
2 EL Limettensaft
1 EL Fischsauce
2 TL Zucker
1½ TL scharfe Chili-Knoblauch-Sauce
   (z. B. Sriracha)

2 EL Öl
1 EL frisch geriebener Ingwer
750 g große Garnelen, geschält und entdarmt
500 g junger Blattspinat

gegarte Reisnudeln oder gegarter
   Jasminreis

1. Den Grill für direkte starke Hitze (230–290 °C) vorbereiten (siehe Seite 12–13).

2. Das Öl in einem kleinen Topf bei mittlerer Hitze heiß werden lassen. Ingwer und Knoblauch darin unter ständigem Rühren 1 Min. braten. Die restlichen Zutaten für die Sauce mit einem Schneebesen unterrühren. Die Sauce köcheln lassen; falls nötig, mit bis zu 4 EL warmem Wasser verdünnen. Zudecken und beiseitestellen.

3. Den Grillrost mit der Bürste säubern. Die Pfanne oder den Wok bei geschlossenem Deckel über *direkter starker Hitze* in etwa 5 Min. heiß werden lassen. Erst das Öl, dann Ingwer und Garnelen hineingeben. Bei geschlossenem Deckel über *direkter starker Hitze* unter häufigem Rühren 3–5 Min. garen, bis die Garnelen fest und nicht mehr rosa sind. Die Garnelen mit einem Schaumlöffel in eine Schüssel geben; mit Alufolie abdecken und warm halten. Die Hälfte des Spinats in die Pfanne bzw. den Wok geben und bei geöffnetem Deckel über *direkter starker Hitze* unter ständigem Rühren in 4–5 Min. zusammenfallen lassen, dabei den restlichen Spinat nach und nach untermischen. Den Spinat mit dem Schaumlöffel herausheben.

4. Die Sauce mit dem Schneebesen durchrühren. Den Spinat mit Garnelen und Erdnusssauce auf Nudeln oder Reis anrichten. Sofort servieren.

FÜR 4 PERSONEN

82

THAI-GARNELEN
MIT CURRY-DIP

VORBEREITUNGSZEIT: 20 Min.
MARINIERZEIT: 10–15 Min.
GRILLZEIT: 2–4 Min.

1 Dose Kokosmilch (400 ml)
4 EL rote Thai-Currypaste
700 g große Garnelen, geschält und entdarmt,
   die Schwanzflossen belassen
1 EL Öl
1 Limette
grobes Meersalz

1. Die Kokosmilch in einem kleinen Topf mit 3 EL Currypaste glatt rühren. 125 ml der Mischung in eine große Schüssel geben. Den restlichen EL Currypaste und das Öl unterrühren. Die Garnelen in die Curry-Marinade geben und bei Raumtemperatur durchziehen lassen, bis der Grill heiß ist.

2. Den Grill für direkte starke Hitze (230–290 °C) vorbereiten (siehe Seite 12–13).

3. Die übrige gewürzte Kokosmilch im Topf aufkochen lassen und bei mittlerer bis starker Hitze unter häufigem Rühren etwa 10 Min. kräftig köcheln lassen, bis die Sauce karamellfarben ist und andickt. Vom Herd nehmen.

4. Die Garnelen aus der Schüssel nehmen und die Marinade wegschütten.

5. Den Grillrost mit der Bürste säubern. Die Garnelen bei geschlossenem Deckel über *direkter starker Hitze* 2–4 Min. grillen, bis sie fest und nicht mehr rosa sind, dabei ein- bis zweimal wenden. Die Garnelen auf eine Servierplatte geben und die Limette darüber ausdrücken. Die Garnelen salzen und sofort mit der Curry-Sauce zum Dippen servieren.

FÜR 6 PERSONEN ALS VORSPEISE

PIZZAS
MIT GARNELEN, PESTO, SCHAFSKÄSE UND GETROCKNETEN TOMATEN

VORBEREITUNGSZEIT: 20 Min.
MARINIERZEIT: 15 Min.
GRILLZEIT: 6–12 Min.

Für die Marinade
1 EL Olivenöl
1 EL gehackter Oregano
¼ TL grobes Meersalz
⅛ TL frisch gemahlener schwarzer Pfeffer

500 g große Garnelen, geschält und entdarmt

800–900 g Pizzateig (selbst gemacht oder Fertigprodukt)
2 EL Olivenöl
Mehl
1 Glas Basilikumpesto (etwa 200 g)
200 g Schafskäse oder Mozzarella, gewürfelt
8 sonnengetrocknete Tomaten in Öl, abgetropft und in dünne Streifen geschnitten

1. Die Zutaten für die Marinade in einer Schüssel verquirlen. Die Garnelen darin bei Raumtemperatur 15 Minuten marinieren.

2. Den Grill für direkte mittlere Hitze (175–230 °C) vorbereiten (siehe Seite 12–13).

3. Den Teig in zwei gleich große Stücke teilen. Zwei Backpapierquadrate auf einer Seite mit je ½ EL Öl bestreichen. Auf jedes Stück Papier ein Stück Teig legen und mit bemehlten Händen oder einer bemehlten Teigrolle zu einem etwa 1 cm dicken Kreis formen; die beiden Kreise mit dem restlichen Öl bestreichen. Den Teig bei Raumtemperatur 5–10 Min. ruhen lassen.

4. Den Grillrost mit der Bürste säubern. Die Garnelen bei geschlossenem Deckel über *direkter mittlerer Hitze* 2–4 Min. grillen, bis sie fest und nicht mehr rosa sind, dabei ein- bis zweimal wenden. Vom Grill nehmen, etwas abkühlen lassen und längs halbieren.

5. Die Teigkreise mit dem Papier nach oben über *direkte mittlere Hitze* legen und bei geschlossenem Deckel 2–5 Min. grillen, bis sie Farbe angenommen haben und unten fest sind. Das Papier abziehen und wegwerfen. Die Teigkreise

TIPP!

Den Teig können Sie am Vortag zubereiten und bis zur Verwendung in den Kühlschrank legen. Allerdings sollten Sie ihn 30 Min. vor dem Ausrollen aus dem Kühlschrank nehmen.

wenden, mit dem Pesto bestreichen und mit Garnelen, Schafskäse bzw. Mozzarella und Tomatenstreifen belegen. Die Pizzas bei geschlossenem Deckel über **_direkter mittlerer Hitze_** 2–3 Min. grillen, bis sie unten knusprig sind, dabei gele-

gentlich auf dem Rost ein Stückchen drehen, damit sie gleichmäßig garen. Vom Grill nehmen, in Stücke schneiden und sofort servieren.

FÜR 4 PERSONEN

LINGUINE MIT GARNELEN
UND WEISSWEIN-SAHNE-SAUCE

VORBEREITUNGSZEIT: 25 Min.
ZUBEREITUNNGSZEIT FÜR DIE SAUCE: 20 Min.
GRILLZEIT: 2–4 Min.

300 g Linguine (schmale Bandnudeln)

Für die Sauce

3 EL Butter
125 g Schalotten, fein gewürfelt
1 EL fein gehackter Knoblauch
200 ml trockener Weißwein
250 ml Fischfond
200 g Créme fraîche
3 EL gehackter Estragon
2 EL Anislikör (z. B. Ouzo oder Raki)

1 EL Olivenöl
½ TL grobes Meersalz
½ TL frisch gemahlener schwarzer Pfeffer
600 g große Garnelen, geschält
und entdarmt

Estragonzweige zum Garnieren

1. Die Pasta in reichlich kochendem Salzwasser nach Packungsangabe garen. In ein Sieb schütten, kalt abspülen und in eine Schüssel geben.

2. Den Grill für direkte starke Hitze (230–290 ºC) vorbereiten (siehe Seite 12–13).

3. Die Butter in einer großen Pfanne auf dem Herd bei mittlerer Hitze zerlassen. Die Schalotten darin mit dem Knoblauch unter häufigem Rühren 3–4 Min. braten, bis sie goldgelb sind und weich werden. Wein und Fond dazugießen und in 8–10 Min. auf etwa die Hälfte reduzieren. Sahne und Estragon dazugeben und die Sauce cremig einkochen lassen, bis sie einen Löffelrücken dünn überzieht. Den Anislikör unterrühren und die Pfanne vom Herd nehmen.

4. In einer Schüssel das Öl mit Salz und Pfeffer verquirlen. Die Garnelen darin wenden, bis sie gleichmäßig mit dem Öl überzogen sind.

5. Den Grillrost mit der Bürste säubern. Die Garnelen bei geschlossenem Deckel über *direkter starker Hitze* 2–4 Min. grillen, bis sie fest und nicht mehr rosa sind, dabei ein- bis zweimal wenden. Die Garnelen in die Sauce geben und untermischen.

6. Die Pasta auf vier Schalen oder tiefe Teller verteilen und die Sauce darübergeben. Mit Estragonzweigen garnieren und sofort servieren.

FÜR 4 PERSONEN

GARNELEN-FAJITAS
MIT POBLANO-CHILIS

VORBEREITUNGSZEIT: 20 Min.
MARINIERZEIT: 10 Min.
GRILLZEIT: 8–12 Min.
ZUBEHÖR: Gusseisenpfanne

Für die Marinade

150 ml Limettensaft (von 5 großen Limetten)
50 ml Tequila
5 große Knoblauchzehen, fein gewürfelt
2 EL Rapsöl
½ TL grobes Meersalz
¼ TL frisch gemahlener schwarzer Pfeffer

800 g große Garnelen, geschält und entdarmt

Für das Gemüse

4 Poblano-Chilis (etwa 500 g), von Stielen
und Samen befreit, in 1–1,5 cm breite
Streifen geschnitten
1 Gemüsezwiebel, halbiert und in etwa
1 cm dicke Ringe geschnitten
1 EL Rapsöl
½ TL gemahlener Kreuzkümmel
¼ TL Chilipulver (Gewürzmischung)
¼ TL grobes Meersalz

8 Weizentortillas (je 15–18 cm Ø)
25 g Koriandergrün, grob gehackt
1 vollreife Avocado (vorzugsweise Hass),
das Fruchtfleisch in Scheiben geschnitten
saure Sahne
Spalten von 1 Bio-Limette

1. Den Grill für direkte und indirekte starke Hitze (230–290 °C) vorbereiten (siehe Seite 12–13) und die Gusseisenpfanne über *direkter Hitze* heiß werden lassen.

2. Die Zutaten für die Marinade in einer kleinen Schüssel verquirlen. Die Garnelen in einen großen Gefrierbeutel geben, die Marinade dazugießen. Die Luft aus dem Beutel drücken. Den Beutel fest verschließen; drehen und wenden, um die Marinade zu verteilen, und die Garnelen bei Raumtemperatur 10 Min. durchziehen lassen.

3. Die Zutaten für das Gemüse in einer Schüssel mischen. Je 4 Tortillas aufeinanderlegen und in Alufolie wickeln.

4. Die Garnelen in ein Sieb schütten und abtropfen lassen.

5. Den Grillrost mit der Bürste säubern. Chilistreifen und Zwiebelringe in die heiße Pfanne geben und bei geschlossenem Grilldeckel über *direkter starker Hitze* unter gelegentlichem Rühren 6–8 Min. grillen, bis sie weich und gebräunt sind. Die Pfanne zum Warmhalten mit Grillhandschuhen über indirekte Hitze schieben.

6. Die Garnelen bei geschlossenem Deckel über *direkter starker Hitze* 2–4 Min. grillen, bis sie fest und nicht mehr rosa sind, dabei einmal wenden. Gleichzeitig die eingepackten Tortillastapel über *indirekter starker Hitze* 2–4 Min. erwärmen, die Päckchen dabei ein- bis zweimal wenden. Alles vom Grill nehmen. Garnelen, Chilis und Zwiebel mit Koriandergrün, Avocado und saurer Sahne in die Tortillas rollen und die Fajitas mit Limettenspalten servieren.

FÜR 4 PERSONEN

NUDEL-ERDNUSS-SALAT
MIT GARNELEN UND ZUCKERSCHOTEN

VORBEREITUNGSZEIT: 30 Min.
GRILLZEIT: 2–4 Min.

1 EL Rapsöl
3 EL frisch geriebener Ingwer
3 TL scharfe Chili-Knoblauch-Sauce
   (z. B. Sriracha)
700 g große Garnelen, geschält und entdarmt

500 g Spaghetti

250 g Erdnusscreme
3 EL Sojasauce
2 EL geröstetes Sesamöl

150 g gesalzene geröstete Erdnusskerne,
   grob gehackt
30 g Koriandergrün, grob gehackt
125 g Zuckerschoten, gehackt
5 EL grob gehacktes Basilikum

1. Das Rapsöl in einer großen Schüssel mit 1 EL Ingwer und 1 TL Chili-Knoblauch-Sauce zu einer Marinade verquirlen. Die Garnelen darin wenden und bei Raumtemperatur 10–15 Min. durchziehen lassen.

2. In der Zwischenzeit den Grill für direkte starke Hitze (230–290 °C) vorbereiten (siehe Seite 12–13).

3. Für die Pasta reichlich Salzwasser in einem großen Topf aufkochen lassen. Die Spaghetti darin nach Packungsangabe bissfest garen, dann in ein Sieb abgießen und abtropfen lassen.

4. Die Erdnusscreme in einer großen Schüssel mit 400 ml kochend heißem Wasser, der Sojasauce, dem Sesamöl, den restlichen 2 EL Ingwer und den restlichen 2 TL Chilisauce glatt rühren.

5. Den Grillrost mit der Bürste säubern. Die Garnelen bei geschlossenem Deckel über *direkter starker Hitze* 2–4 Min. grillen, bis sie nicht mehr rosa sind, dabei einmal wenden. Vom Grill nehmen und mit den Spaghetti, den Erdnüssen, dem Koriandergrün, den Zuckerschoten und dem Basilikum in die Schüssel mit der Erdnusssauce geben. Während der Salat abkühlt, immer wieder esslöffelweise heißes Wasser hinzufügen, falls die Sauce zu stark eindickt. Den Salat heiß oder abgekühlt servieren.

FÜR 6 PERSONEN

GARNELEN MIT ZITRONEN-INGWER-BUTTER
UND ZUCKERSCHOTEN-RADIESCHEN-SALAT

VORBEREITUNGSZEIT: 25 Min.
MARINIERZEIT: 30 Min.–2 Std.
GRILLZEIT: 2–3 Min.
ZUBEHÖR: 8 Metall- oder Holzspieße
(Holzspieße mind. 30 Min. gewässert)

Für die Marinade

1 Frühlingszwiebel (nur der helle und
    hellgrüne Teil), gehackt
1 EL Öl
1 EL Sojasauce
1½ TL frisch geriebener Ingwer
1½ TL fein gehackter Knoblauch
grobes Meersalz
frisch gemahlener schwarzer Pfeffer

700 g große Garnelen, geschält und entdarmt,
    die Schwanzflossen belassen

Für die Zitronen-Ingwer-Butter

100 g weiche Butter
1 EL frisch geriebener Ingwer
2 EL gehacktes Koriandergrün
2 TL abgeriebene Schale von 1 Bio-Zitrone

Für den Salat

100 g Zuckerschoten, in 1 cm breite Stücke
    geschnitten
200 g Kopfsalat, in mundgerechte Stücke
    gezupft
1 Bund Radieschen, in dünne Scheiben
    geschnitten
30 g Koriandergrün, grob gehackt

2 EL Öl
1½ EL gewürzter Reisessig
1 EL geröstetes Sesamöl

1. Die Zutaten für die Marinade in einer großen Schüssel mit Salz und Pfeffer verrühren. Die Garnelen in die Marinade geben und darin wenden. Zudecken und für ½–2 Std. kalt stellen.

2. Für die Zitronen-Ingwer-Butter die Butter mit Ingwer, Koriandergrün und Zitronenschale sowie ¼ TL Salz und ¼ TL Pfeffer mischen. Bei Raumtemperatur beiseitestellen.

3. Die Salatzutaten in einer Schüssel mischen; zudecken und kalt stellen.

4. Das Öl in einer kleinen Schüssel mit Essig, Sesamöl, Salz und Pfeffer zu einem Dressing verquirlen.

5. Den Grill für direkte starke Hitze (230–290 °C) vorbereiten (siehe Seite 12–13).

6. Auf jeden Spieß 3–4 Garnelen stecken. Den Grillrost mit der Bürste säubern. Die Garnelen bei geschlossenem Deckel über *direkter starker Hitze* 2–4 Min. grillen, bis sie fest und nicht mehr rosa sind, dabei ein- bis zweimal wenden.

7. Auf vier Teller je zwei Garnelenspieße legen. Die Butter in Tupfen daraufsetzen und zerlaufen lassen. Das Dressing erneut aufschlagen und den Salat damit anmachen. Den Salat neben den Spießen anrichten; das Ganze sofort servieren.

FÜR 4 PERSONEN

GARNELENTOPF
MIT JAKOBSMUSCHELN

VORBEREITUNGSZEIT: 20 Min.
GRILLZEIT: etwa 30 Min.
ZUBEHÖR: Gusseisenpfanne (30 cm Ø)

Olivenöl
grobes Meersalz
frisch gemahlener schwarzer Pfeffer
500 g kleine ausgelöste Jakobsmuscheln
  (je etwa 30 g)
500 g große Garnelen, geschält und entdarmt

8–12 Scheiben Ciabatta (je 1–1,5 cm dick)

2 Dosen weiße Bohnen (je 400 g)
300 g Zwiebeln, fein gewürfelt
1 EL fein gehackter Knoblauch
1½ TL gehackter Thymian
125 ml Weißwein
1 Dose stückige Tomaten (400 g)
250 ml Fischfond
250 g Sahne
¼ TL zerdrückte Safranfäden
100 g junger Blattspinat

1. Den Grill für direkte starke Hitze (230–290 °C) vorbereiten (siehe Seite 12–13).

2. In einer Schüssel 2 EL Öl mit 1 TL Salz und ½ TL Pfeffer verquirlen. Vom Muschelfleisch die festen seitlichen Muskeln abschneiden. Muscheln und Garnelen in die Schüssel geben und alles behutsam mischen. Die Brotscheiben auf beiden Seiten mit Öl bestreichen.

3. Den Grillrost mit der Bürste säubern. Die Muscheln bei geschlossenem Deckel über *direkter starker Hitze* 4–6 Min. grillen, die Garnelen 2–4 Min., bis sie nicht mehr rosa sind, dabei ein- bis zweimal wenden. Vom Grill nehmen und warm halten.

4. Die Bohnen in einem Sieb abspülen und abtropfen lassen. Die Gusseisenpfanne über *direkter starker Hitze* auf den Rost stellen. 2 EL Öl darin 1–2 Min. erhitzen. Die Zwiebelwürfel mit dem Knoblauch im Öl unter häufigem Rühren in etwa 10 Min. goldgelb braten. Den Thymian untermischen, dann Wein, Tomaten, Fond, Sahne und Safran hinzufügen. Das Ganze aufkochen lassen, dann die Bohnen unterrühren. Die Mischung bei geschlossenem Deckel 10–12 Min. unter gelegentlichem Rühren kochen lassen, bis die Flüssigkeit etwas reduziert ist. Die Pfanne mit Grillhandschuhen vorsichtig vom Herd nehmen. Den Spinat unter die Sauce mischen, die Sauce mit Salz und Pfeffer abschmecken.

5. Das Brot über *direkter Hitze* 30–60 Sek. rösten, dabei einmal wenden. Muscheln und Garnelen auf sechs Suppenschalen oder -teller verteilen und die Sauce darüberschöpfen. Das Gericht heiß mit dem gerösteten Brot servieren.

FÜR 6 PERSONEN

JAKOBSMUSCHELN
MIT SOJABOHNENPÜREE

VORBEREITUNGSZEIT: 25 Min.
MARINIERZEIT: 20–60 Min.
GRILLZEIT: 4–6 Min.

500 g TK-Soja- oder Limabohnenkerne
grobes Meersalz
20 g Basilikumblätter, grob gehackt
3 EL Schnittlauchröllchen
125 ml Olivenöl
35 g Parmesan, frisch gerieben
1½ EL Zitronensaft
2 große Knoblauchzehen, grob gehackt
frisch gemahlener schwarzer Pfeffer
12 große ausgelöste Jakobsmuscheln
 (je 40–50 g)

1. Die Bohnenkerne in reichlich sprudelnd kochendem Salzwasser etwa 4 Min. garen, bis sie gerade eben weich sind. In ein Sieb schütten, dabei 250 ml Kochwasser für das Bohnenpüree auffangen. 150 g Bohnenkerne für die Garnitur beiseitelegen.

2. Das Basilikum und 2 EL Schnittlauchröllchen mit dem Öl in der Küchenmaschine fein pürieren. 3 EL des Öls für die Muscheln in eine Schüssel geben.

3. Die übrigen 350 g Bohnenkerne mit Käse, Zitronensaft und Knoblauch zum Kräuteröl in der Küchenmaschine geben und fein pürieren. Die Hälfte des aufgefangenen Kochwassers untermixen, bis das Püree glatt ist; falls nötig, esslöffelweise mehr Kochwasser dazugeben. Das Püree mit Salz und Pfeffer würzen, dann in einen kleinen Topf füllen und in der Nähe des Grills warm halten.

4. Den Grill für direkte starke Hitze (230–290 °C) vorbereiten (siehe Seite 12–13).

5. Die Muscheln von den festen seitlichen Muskeln befreien (falls noch nicht geschehen). In die Schüssel zum Kräuteröl geben und darin wenden. Die Mischung mit Salz und Pfeffer würzen, zudecken und im Kühlschrank mindestens 20 Min., höchstens 1 Std. marinieren.

6. Den Grillrost mit der Bürste säubern. Die Jakobsmuscheln bei geschlossenem Deckel über
direkter starker Hitze 4–6 Min. grillen, bis sie
nicht mehr glasig sind, dabei ein- bis zweimal
wenden. Inzwischen das Bohnenpüree über mittlerer Hitze unter häufigem Rühren aufwärmen.

7. Das Püree auf vier Teller verteilen und je
3 Jakobsmuscheln darauflegen. Mit den ganzen
Bohnenkernen und dem restlichen Schnittlauch
bestreuen und sofort servieren.

FÜR 4 PERSONEN

JAKOBSMUSCHEL-ZUCCHINI-SPIESSE
MIT MINZEDUFT

VORBEREITUNGSZEIT: 15 Min.
GRILLZEIT: etwa 6 Min.
ZUBEHÖR: 8 Metallspieße (je etwa 20 cm lang) oder 16 Holzspieße, mind. 30 Min. gewässert

16 große ausgelöste Jakobsmuscheln (je 30–40 g)
2 Zucchini (je etwa 20 cm lang)
2 EL Olivenöl
½ TL grobes Meersalz
¼ TL frisch gemahlener schwarzer Pfeffer
25 g fein gehackte Minzeblätter
1 Bio-Zitrone, in Scheiben geschnitten

TIPP!

Wenn Sie Zucchini verwenden, die denselben Durchmesser wie die Muscheln haben, gart alles gleichmäßig.

1. Den Grill für direkte starke Hitze (230–290 °C) vorbereiten (siehe Seite 12–13).

2. Von den Jakobsmuscheln den kleinen festen seitlichen Muskel abschneiden. Die Zucchini waschen und in 24 Scheiben schneiden, die so dick sind wie die Muscheln.

3. Das Öl in einer Schüssel mit Salz, Pfeffer und Minze verquirlen. Muscheln und Zucchini zu dem Öl geben und darin wenden.

4. Zucchinischeiben und Muscheln auf die Spieße (Holzspieße doppelt nehmen) stecken, dabei jeweils mit einer Zucchinischeibe beginnen und enden.

5. Den Grillrost mit der Bürste säubern. Die Spieße bei geschlossenem Deckel über *direkter starker Hitze* etwa 6 Min. grillen, bis die Muscheln leicht gebräunt und nicht mehr glasig sind, dabei ein- bis zweimal wenden. Vom Grill nehmen; mit den Zitronenscheiben servieren.

FÜR 4 PERSONEN

94

JAKOBSMUSCHELSALAT
MIT ORANGEN-SESAM-VINAIGRETTE

VORBEREITUNGSZEIT: 20 Min.
MARINIERZEIT: 15–20 Min.
GRILLZEIT: 4–6 Min.

Für die Vinaigrette

50 ml Reisessig
abgeriebene Schale und Saft von 2 großen
   Bio-Orangen
1 EL Dijon-Senf
1 EL Sojasauce
½ TL grobes Meersalz
¼ TL frisch gemahlener schwarzer Pfeffer
75 ml Olivenöl
2 EL geröstetes Sesamöl

16 große ausgelöste Jakobsmuscheln
   (je 30–40 g)

125 g junger Blattspinat
1 kleine rote Paprikaschote, in dünne Streifen
   geschnitten
100 g Zuckerschoten, in dünne Scheiben
   geschnitten

1. Den Essig in einer kleinen Schüssel mit Orangenschale und -saft, Senf, Sojasauce, Salz und Pfeffer verquirlen. Unter ständigem Schlagen das Olivenöl in feinem Strahl dazugießen, dann das Sesamöl untermischen. 125 ml Vinaigrette als Marinade für die Muscheln in einer Schüssel beiseitestellen.

2. Die festen seitlichen Muskeln von den Jakobsmuscheln entfernen, falls dies noch nicht geschehen ist. Das Muschelfleisch zur Vinaigrette in der Schüssel geben und bei Raumtemperatur 15–20 Min. marinieren.

3. Den Grill für direkte starke Hitze (230–290 ºC) vorbereiten (siehe Seite 12–13).

4. Den Grillrost mit der Bürste säubern. Die Muscheln bei geschlossenem Deckel über **direkter starker Hitze** 4–6 Min. grillen, bis sie leicht gebräunt und innen kaum noch glasig sind, dabei ein- bis zweimal wenden; vom Grill nehmen.

5. Die Vinaigrette noch einmal mit dem Schneebesen aufschlagen. Spinat, Paprika und Zuckerschoten in einer großen Schüssel mit etwas Dressing anmachen. Den Salat auf vier Teller verteilen und die Jakobsmuscheln darauf anrichten. Mit der restlichen Vinaigrette servieren.

FÜR 4 PERSONEN

CRABMEAT-BROTE
MIT KÄSE ÜBERBACKEN

VORBEREITUNGSZEIT: 20 Min.
GRILLZEIT: 10–11 Min.

Für den Salat

500 g Krabbenfleisch (Crabmeat), zerpflückt
4 Frühlingszwiebeln (nur die weißen und
  hellgrünen Teile), in dünne Ringe
  geschnitten
1 Selleriestange, in dünne Scheiben
  geschnitten
2 EL fein gehackter Dill
2 EL Mayonnaise
2 TL Dijon-Senf
¼ TL grobes Meersalz
⅛ TL frisch gemahlener schwarzer Pfeffer

4 Scheiben Ciabatta (je etwa 2 cm dick)
2 EL Olivenöl
4 dünne Scheiben Havarti (dänischer
  Schnittkäse)

1. Den Grill für direkte und indirekte mittlere Hitze (175–230 °C) vorbereiten (siehe Seite 12–13).

2. Die Salatzutaten in einer Schüssel gründlich miteinander mischen.

3. Die Brotscheiben auf beiden Seiten mit dem Öl bestreichen.

4. Den Grillrost mit der Bürste säubern. Die Brotscheiben auf einer Seite bei geschlossenem Deckel über *direkter mittlerer Hitze* 1 Min. rösten. Anschließend mit den gerösteten Seiten nach oben auf eine Arbeitsfläche geben und den Salat darauf verteilen. Die belegten Brote mit den Käsescheiben belegen (diese, falls nötig, passend zurechtschneiden) und bei geschlossenem Deckel über *indirekter mittlerer Hitze* 9–10 Min. grillen, bis der Käse geschmolzen und der Belag warm ist. Vom Grill nehmen und sofort servieren. Dazu passt grüner Salat, oder reichen Sie die Brote zu einem Teller Suppe.

FÜR 4 PERSONEN

CRABMEAT-BURGER
MIT SCHARFER MAYONNAISE

VORBEREITUNGSZEIT: 30 Min.
GRILLZEIT: 4–6 Min.
CHILLING TIME: 1 Std.
ZUBEHÖR: gusseiserne Grillpfanne oder Pfanne

Für die scharfe Mayonnaise

150 g Mayonnaise
½ TL abgeriebene Schale von 1 Bio-Zitrone
1 EL Zitronensaft
⅛ TL Cayennepfeffer

Für die Frikadellen

50 g Mayonnaise
1 Frühlingszwiebel (nur der weiße und
   hellgrüne Teil; etwa 30 g), fein gewürfelt
2 EL fein gehackter Dill
1 Ei (Größe L), verquirlt
1 TL abgeriebene Schale von 1 Bio-Zitrone
150 g Panko-Mehl (japanische Semmelbrösel)
⅛ TL grobes Meersalz
⅛ TL frisch gemahlener schwarzer Pfeffer
250 g Krabbenfleisch (Crabmeat)

50 g Butter, zerlassen
4 Ciabatta-Brötchen, quer halbiert
Krautsalat (Fertigprodukt oder vom Rezept
   Seite 123)

1. Die Zutaten für die scharfe Mayonnaise in einer kleinen Schüssel verrühren. Zudecken und kalt stellen.

2. Für die Frikadellen die Mayonnaise in einer kleinen Schüssel mit Frühlingszwiebel, Dill, Ei, Zitronenschale, 50 g Panko-Mehl sowie Salz und Pfeffer verrühren. Das Krabbenfleisch behutsam unterheben und dabei zerpflücken, aber nicht vollständig zerkleinern. Aus der Masse vier gleich große, etwa 4 cm dicke Frikadellen formen. Die restlichen 100 g Panko-Mehl auf einem Teller ausbreiten. Die Frikadellen vorsichtig darin wenden. Auf einen Teller legen, zudecken und für mindestens 1 Std. kalt stellen.

3. Den Grill für direkte mittlere Hitze (175–230 °C) vorbereiten (siehe Seite 12–13).

4. Den Grillrost mit der Bürste säubern. Die Pfanne über *direkter mittlerer Hitze* in 2–3 Min. heiß werden lassen. Die Schnittflächen der Brötchen mit etwas zerlassener Butter bestreichen. Die restliche Butter in die Pfanne gießen. Die Frikadellen in die Pfanne legen und bei geschlossenem Deckel über *direkter mittlerer Hitze* 4–6 Min. braten, bis sie durchgegart und gebräunt sind, dabei einmal vorsichtig wenden. Für die letzten 2 Min. der Grillzeit die Brötchen mit den Schnittflächen nach unten mit in die Pfanne legen. Alles vom Grill nehmen.

5. Die Brötchenhälften mit Mayonnaise bestreichen. Je eine Frikadelle mit einer guten Portion Krautsalat zwischen zwei Brötchenhälften geben und sofort servieren.

FÜR 4 PERSONEN

KREBSBEINE
MIT ZITRUSBUTTER

VORBEREITUNGSZEIT: 15 Min.
VORBEREITUNGSZEIT FÜR DIE KREBSE: 20 Min.
GRILLZEIT: etwa 20 Min.
ZUBEHÖR: Gusseisenpfanne (30 cm Ø)

1 EL Olivenöl
1 große Schalotte, fein gewürfelt
¼ TL grobes Meersalz
⅛ TL frisch gemahlener schwarzer Pfeffer
2 rote oder grüne Thai-Chilischoten,
   in sehr dünne Streifen geschnitten
125 ml Weißwein
75 ml Saft von 1 Meyer-Zitrone (Kreuzung
   aus Zitrone und Orange; ersatzweise eine
   Mischung aus Tangerinen- und Zitronensaft)
1,5 kg gegarte Krebsbeine (von 3 gekochten
   Taschenkrebsen; ungeputzt etwa 2,25 kg)
50 g weiche Butter in Stückchen

1. Den Grill für direkte mittlere Hitze
(175–230 °C) vorbereiten (siehe Seite 12–13).

2. Den Grillrost mit der Bürste säubern. Das
Öl in der Pfanne mit Schalottenwürfeln, Salz
und Pfeffer mischen. Die Pfanne über *direkte
mittlere Hitze* stellen. Die Schalottenwürfel
bei geschlossenem Deckel in etwa 5 Min. glasig
werden lassen, dabei ein- bis zweimal rühren.
Chilis, Wein und Saft hinzufügen und alles
5 Min. köcheln lassen.

3. Die Krebsbeine in die Pfanne geben und diese
mit Alufolie zudecken. Auf den Grill zurückstel-
len und bei geschlossenem Deckel etwa 10 Min.
erhitzen. Die Folie mit Grillhandschuhen von der
Pfanne nehmen und die Pfanne vom Grill nehmen. Die Krebsbeine in eine Servierschüssel füllen. Die Butter in die heiße Pfanne geben und die
Pfanne schwenken, bis die Butter geschmolzen
ist. Die Zitrusbutter auf vier Schälchen verteilen.
Die Krebsbeine mit der Zitrusbutter servieren.

FÜR 4 PERSONEN

100

KREBSSCHEREN
MIT GEGRILLTEM ROMANASALAT

VORBEREITUNGSZEIT: 10 Min.
GRILLZEIT: 3–5 Min.
ZUBEHÖR: Hummerzange oder Nussknacker

Für die Vinaigrette
75 ml Olivenöl
50 ml Zitronensaft
1 EL Dijon-Senf
2 EL fein gehackter Knoblauch
1 TL Worcestersauce
½ TL grobes Meersalz
⅛ frisch gemahlener schwarzer Pfeffer

2 Romanasalatherzen, Wurzelenden entfernt und die Herzen jeweils längs halbiert (siehe Tipp)
8 gegarte Taschenkrebsscheren

Cracker

1. Den Grill für direkte mittlere Hitze (175–230 ºC) vorbereiten (siehe Seite 12–13).

2. Die Zutaten für die Vinaigrette in der Küchenmaschine oder im Mixer glatt mixen. Die Schnittflächen der Salathälften mit 1 EL Vinaigrette bestreichen.

3. Den Grillrost mit der Bürste säubern. Die Krebsscheren bei geschlossenem Deckel über *direkter mittlerer Hitze* in 3–5 Min. heiß werden lassen, dabei einmal wenden. Nach dem Wenden der Scheren die Salathälften mit den Schnittflächen nach unten über *direkte mittlere Hitze* legen und 1–2 Min. grillen, bis sie Farbe angenommen haben, aber noch nicht zusammengefallen sind. Die Scheren und die Salathälften auf eine Servierplatte legen; die Salathälften mit der Vinaigrette beträufeln. Dazu passen Cracker.

FÜR 4 PERSONEN

TIPP!
Die Wurzelenden vom Salat nur etwa 1 cm dick abschneiden und noch so viel davon stehen lassen, dass die Salathälften beim Grillen nicht auseinanderfallen.

PAELLA VOM GRILL
MIT FISCH UND MEERESFRÜCHTEN

VORBEREITUNGSZEIT: 15–20 Min., plus 20–30 Min. zum Wässern der Muscheln
GRILLZEIT: 47–57 Min.
ZUBEHÖR: tiefe Gusseisenpfanne (30 cm Ø)

75 ml Olivenöl
1 kleine Zwiebel, fein gewürfelt
1 EL fein gehackter Knoblauch
¼ TL grobes Meersalz
⅛ TL frisch gemahlener schwarzer Pfeffer
500 g geräucherte Chorizo
½ TL Safranfäden
1 l Fischfond
350 g Paellareis
1 Heilbuttfilet ohne Haut (etwa 150 g schwer und 2–3 cm dick), in 2–3 cm große Würfel geschnitten
350 g küchenfertige Miesmuscheln
350 g küchenfertige Venusmuscheln
500 g große Garnelen, geschält und entdarmt, die Schwanzflossen belassen

1. Den Grill für direkte mittlere Hitze (175–230 °C) vorbereiten (siehe Seite 12–13).

2. Das Öl in der Pfanne mit Zwiebel, Knoblauch, Salz und Pfeffer mischen.

3. Den Grillrost mit der Bürste säubern. Die Pfanne über *direkte mittlere Hitze* stellen und die Chorizos daneben auf den Grill legen. Bei geschlossenem Deckel die Zwiebelwürfel in 8–10 Min. glasig werden lassen und die Würste grillen, bis sie gebräunt sind, dabei die Zwiebeln gelegentlich umrühren und die Würste wenden. Die Würste vom Grill nehmen und in 1,5 cm dicke Scheiben schneiden; beiseitestellen.

4. Den Safran in die Pfanne geben und etwa 1 Min. rühren, bis Duft aufsteigt. Den Fond angießen. Den Grill schließen und die Flüssigkeit in 10–12 Min. zum Kochen bringen. Reis und Wurst untermischen und die Flüssigkeit bei geschlossenem Deckel in 3–4 Min. erneut zum Kochen bringen.

Die Muscheln unter fließend kaltem Wasser mit einer Bürste säubern, dann für 20–30 Min. in gesalzenes kaltes Wasser legen, um Sand und Verunreinigungen zu entfernen.

5. Den Reis nicht umrühren. Die Fischstücke hineindrücken und mit der köchelnden Flüssigkeit bedecken. Die Muscheln mit den Scharnieren nach unten hineinstecken. Alles bei geschlossenem Deckel über *direkter mittlerer Hitze* etwa 10 Min. garen.

6. Anschließend die Garnelen auf dem Reis verteilen und die Paella bei geschlossenem Deckel über *direkter mittlerer Hitze* 15–20 Min. weitergaren, bis der Reis gar ist und die gesamte Flüssigkeit aufgenommen hat und die Garnelen fest und nicht mehr rosa sind. Die Muscheln müssen dann geöffnet sein; ungeöffnete Exemplare wegwerfen. (Damit sich eine schöne Kruste bildet, die Paella nicht umrühren.) Die Pfanne mit Grillhandschuhen vom Grill nehmen und auf eine hitzebeständige Oberfläche stellen. Die Paella vor dem Servieren 5 Min. ruhen lassen.

FÜR 6 PERSONEN

MIESMUSCHELN
MIT SCHALOTTEN-ESTRAGON-BUTTERSAUCE

VORBEREITUNGSZEIT: 20 Min.
GRILLZEIT: 14–15 Min.
ZUBEHÖR: Gusseisenpfanne (26 cm Ø)

75 g Butter
200 g Schalotten, in dünne Ringe geschnitten
1½ EL fein gehackter Knoblauch
3 EL fein gehackter Estragon
1 TL abgeriebene Schale von 1 Bio-Zitrone
175 ml Weißwein
1½ kg Miesmuscheln, gebürstet und entbartet
    (siehe Tipp)
100 g Crème fraîche
grobes Meersalz (nach Belieben)
frisch gemahlener schwarzer Pfeffer
    (nach Belieben)
2 große Eiertomaten, entkernt und
    fein gewürfelt
4 EL gehackte glatte Petersilie
1 Baguette

TIPP!

Um Muscheln zu säubern, diese zunächst gründlich unter fließendem Wasser abbürsten und anschließend 20–30 Min. in kaltes Salzwasser legen, damit sich eventuell vorhandener Sand herauslöst.

1. Den Grill für direkte starke Hitze (230–290 °C) vorbereiten (siehe Seite 12–13).

2. Den Grillrost mit der Bürste säubern. Die Pfanne über *direkte starke Hitze* stellen und die Butter darin zerlassen. Die Schalottenringe und den Knoblauch in der Butter bei geschlossenem Deckel etwa 6 Min. braten, dabei alle 2 Min. umrühren. 1 EL Estragon und die Zitronenschale unterrühren, dann den Wein angießen und zum Köcheln bringen. Die Muscheln hinzufügen und in der Buttermischung wenden. Die Pfanne fest mit dem Deckel oder mit Alufolie verschließen.

3. Die Muscheln bei geschlossenem Grilldeckel über *direkter starker Hitze* 5–6 Min. dämpfen, bis sie sich geöffnet haben. Mit einem Schaumlöffel in eine Schüssel umfüllen (ungeöffnete Muscheln wegwerfen); beiseitestellen. Die Pfanne mit dem Garsud auf dem Grill lassen. Die Crème fraîche und noch 1 EL Estragon unter den Sud rühren. Die Sauce heiß werden lassen und nach Belieben mit Salz und Pfeffer würzen. Die Muscheln in die Pfanne geben. Die Pfanne mit Deckel oder Folie verschließen und die Muscheln bei geschlossenem Deckel über *direkter starker Hitze* in 1–2 Min. heiß werden lassen. Pfanne vom Grill nehmen.

4. Tomaten, Petersilie und den restlichen EL Estragon auf die Muscheln streuen. Muscheln und Sauce in Schalen schöpfen und mit warmem Baguette servieren.

FÜR 4 PERSONEN

VENUSMUSCHELN
IN MANDEL-PETERSILIEN-BUTTER

VORBEREITUNGSZEIT: 15 Min.
GRILLZEIT: 18–22 Min.
ZUBEHÖR: Gusseisenpfanne (30 cm Ø)

50 g gehobelte Mandeln
2 EL Olivenöl
2 große Schalotten, fein gewürfelt
⅛ TL frisch gemahlener schwarzer Pfeffer
250 ml Weißwein
2 Zweige Thymian
2 Knoblauchzehen, fein gewürfelt
1½ kg Venusmuscheln, unter fließendem
    kaltem Wasser gebürstet
75 g Butter in Stückchen
2 EL gehackte gemischte Kräuter
    (z. B. Petersilie, Basilikum, Thymian
    und Schnittlauch)

TIPP!

Venusmuscheln zum Säubern in einer großen Schüssel mit kaltem Wasser bedecken. 20–30 Min. stehen lassen, dabei gelegentlich rühren. Anschließend vorsichtig abgießen, damit der Sand, der sich am Schüsselboden abgesetzt hat, dort bleibt.

1. Den Grill für direkte mittlere Hitze (175–230 ºC) vorbereiten (siehe Seite 12–13).

2. Die Mandeln in einer Pfanne bei mittlerer Hitze rösten, bis leicht gebräunt sind; die Pfanne dabei gelegentlich schwenken. Zum Abkühlen die Mandeln auf einem Teller ausbreiten.

3. Das Öl in der Gusseisenpfanne mit Schalotten und Pfeffer verrühren. Die Pfanne auf den Grillrost stellen und die Schalotten bei geschlossenem Deckel über *direkter mittlerer Hitze* in etwa 5 Min. weich werden lassen, dabei ein- bis zweimal rühren. Wein, Thymianzweige und Knoblauch hinzufügen. Den Wein bei geschlossenem Deckel aufkochen und 5 Min. köcheln lassen.

4. Die Muscheln in die Pfanne geben und die Pfanne mit einem Backblech oder mit Alufolie verschließen. Die Muscheln bei geschlossenem Deckel über *direkter mittlerer Hitze* 5–7 Min. garen. Damit nicht der gesamte Dampf entweicht, schnell und sorgfältig prüfen, ob sich die Muscheln geöffnet haben. Falls nicht, 3–5 Min. weitergaren. Blech oder Folie mit Grillhandschuhen von der Pfanne heben und die Pfanne vom Grill nehmen. Ungeöffnete Muscheln wegwerfen.

5. Mandeln, Butter und Kräuter zu den Muscheln geben und die Butter unter Rühren zerlaufen lassen. Muscheln und Sauce auf Schalen verteilen und sofort servieren. Dazu passt Baguette.

FÜR 6 PERSONEN ALS VORSPEISE

VENUSMUSCHELN UND BRATWURST
MIT FENCHEL

VORBEREITUNGSZEIT: 25 Min.
GRILLZEIT: 18–27 Min.
ZUBEHÖR: Gusseisenpfanne (30 cm Ø)

500 g Fenchel
500 g Salsiccia (scharfe italienische Brat
   wurst) oder französische Andouille
2 EL Olivenöl
200 g Lauch (nur die weißen und hellgrünen
   Teile), in dünne Scheiben geschnitten
1 große rote Paprikaschote, grob gewürfelt
2 TL Fenchelsamen, geschrotet
250 ml Fischfond
125 ml Weißwein
48 kleine Venusmuscheln (Vongole),
   gesäubert (siehe Seite 106)
3 EL gehacktes Basilikum oder gehackter
   Oregano
1 Baguette (nach Belieben)

1. Den Grill für direkte mittlere bis starke Hitze (etwa 200–260 °C) vorbereiten (siehe Seite 12–13).

2. Falls vorhanden, das zarte Grün vom Fenchel abschneiden und so viel davon hacken, das es 1 EL ergibt. Die dicken Stiele und die Wurzelansätze von den Fenchelknollen abschneiden. Die Knollen längs vierteln und das harte Innere entfernen. Den Fenchel längs in etwa 1 cm dicke Scheiben schneiden.

3. Das Wurstbrät aus den Pellen drücken und in 2–3 cm große Stücke teilen.

4. Den Grillrost mit der Bürste säubern. Das Öl in der Pfanne über *direkter mittlerer bis starker Hitze* heiß werden lassen. Fenchel, Wurst, Lauch, Pfeffer und Fenchelsamen darin unter gelegentlichem Rühren bei geschlossenem Grilldeckel 10–15 Min. braten, bis Gemüse und Wurst goldbraun sind. Fond und Wein angießen und aufkochen lassen. Die Muscheln (nur geschlossene Exemplare verwenden) und 2 TL Basilikum oder Oregano hinzufügen. Die Pfanne zudecken, den Grill schließen und die Muscheln 5–7 Min. garen, bis sie sich geöffnet haben. Ungeöffnete Muscheln wegwerfen.

5. Die Pfanne mit Grillhandschuhen vom Grill nehmen. Das Gericht mit dem Fenchelgrün und dem restlichen Basilikum bzw. Oregano bestreuen und in der Pfanne servieren. Nach Belieben knuspriges Brot zum Auftunken der Brühe dazu reichen.

FÜR 6 PERSONEN

TINTENFISCHSALAT MIT COCKTAILTOMATEN,

GRÜNEN BOHNEN UND KICHERERBSEN

VORBEREITUNGSZEIT:: 30 Min.
GRILLZEIT: 2–3 Min.
MARINIERZEIT: 30–60 Min.

Für die Marinade

3 EL Olivenöl
1 TL abgeriebene Schale von 1 Bio-Zitrone
2 EL Zitronensaft
1 EL fein gehackter Knoblauch
¾ TL grobes Meersalz
½ TL Chiliflocken

500 g küchenfertige Kalmare, Tentakel
   und Tuben getrennt

Für das Dressing

4½ EL Olivenöl
2 EL Rotweinessig
1 TL abgeriebene Schale von 1 Bio-Zitrone
1 EL Zitronensaft
1 TL grobes Meersalz
½ TL frisch gemahlener schwarzer Pfeffer

grobes Meersalz
200 g junge grüne Bohnen, in etwa 3 cm
   lange Stücke geschnitten
1 Dose Kichererbsen (400 g)
300 g Cocktailtomaten, halbiert
50 g Rucola, gwaschen und verlesen

1. Die Zutaten für die Marinade in einer Schüssel verquirlen. Die Kalmare hinzufügen und in der Marinade wenden. Zudecken und für mindestens 30 Min., jedoch höchstens 1 Std., kalt stellen.

2. Die Zutaten für das Dressing in einer kleinen Schüssel mit einem Schneebesen verrühren.

3. In einem Topf etwa 2 l Salzwasser aufkochen lassen. Die Bohnen darin 3–4 Min. kochen, dann in ein Sieb schütten und kalt abschrecken; gut abtropfen lassen.

4. Die Kichererbsen abspülen und abtropfen lassen, dann in einer Schüssel mit Bohnen und Tomaten mischen.

5. Den Grill für direkte starke Hitze (230–290 ºC) vorbereiten (siehe Seite 12–13).

6. Den Grillrost mit der Bürste säubern. Die Tentakel und Tuben der Kalmare bei geschlossenem Deckel über *direkter starker Hitze* 2–3 Min. (nicht länger, sonst werden sie zäh) grillen, bis sie etwas gebräunt und nicht mehr glasig sind, dabei einmal wenden. Vom Grill nehmen und die Tuben quer in 1–2 cm dicke Ringe schneiden.

7. Ringe, Tentakel und Rucola zur Bohnenmischung geben. Das Dressing erneut aufschlagen, dann den Salat damit anmachen. Den Salat auf vier Teller verteilen und sofort servieren.

FÜR 4 PERSONEN

AUSTERN
MIT CHILI-KÄSE-SAUCE

VORBEREITUNGSZEIT: 10 Min., plus etwa 30 Min. zum Auslösen der Austern
GRILLZEIT: 2–4 Min.
ZUBEHÖR: Austernmesser

Für die Sauce

1 EL Butter
1 EL Mehl
150 g Sahne, lauwarm
⅛ TL grobes Meersalz
1 Chipotle-Schote in Adobo-Sauce
    (getrocknete, geräucherte Jalapeño-
    Chili aus der Dose), gehackt
50 g geriebener Cheddar

24 große frische Austern

1. Die Butter in einem kleinen Topf bei mittlerer Hitze zerlassen. Das Mehl darin unter ständigem Rühren mit einem Schneebesen 1 Min. anschwitzen. Die Sahne in stetigem Strahl dazugießen und dabei ständig schlagen, bis die Mischung glatt ist. Die Sauce 1 Min. köcheln lassen, bis sie andickt, dabei gelegentlich rühren. Vom Herd nehmen. Salz, Pfeffer und Käse unter die Sauce rühren.

2. Die Austern auslösen (siehe Bild unten links). Die köstliche Flüssigkeit in der unteren Schale möglichst nicht verschütten. Das Austernfleisch von der oberen Schale lösen, dann das Messer in der unteren Schale unter dem Fleisch entlangführen. Die obere, flache Schale wegwerfen, das Fleisch und das Wasser in der unteren, tieferen Schale belassen. Jede Auster mit etwa ½ EL Sauce bestreichen.

3. Den Grill für direkte starke Hitze (230–290 °C) vorbereiten (siehe Seite 12–13).

4. Den Grillrost mit der Bürste säubern. Die Austern in den Schalen vorsichtig über **direkte starke Hitze** setzen und bei geschlossenem Deckel 2–4 Min. grillen, bis die Sauce brodelt und die Ränder der Austern sich kräuseln. Vorsichtig vom Grill nehmen und sofort servieren.

FÜR 6–8 PERSONEN

Jede Auster (flache Seite nach oben) mit einem Tuch greifen. Die Spitze des Austernmessers in die kleine Öffnung am Scharnier der Schalen stoßen. Das Messer auf und ab bewegen, um die Schalen zu öffnen.

Beilagen

Beilagen

MAISSALAT MIT BASILIKUM UND ZIEGENKÄSE

VORBEREITUNGSZEIT: 20 Min.
GRILLZEIT: 10–15 Min.

6 Maiskolben, ohne Hüllblätter
3 EL Olivenöl
125 g Ziegenfrischkäse, zerbröckelt
20 g fein gehacktes Basilikum
2 EL Zitronensaft
2 EL feine Schalottenwürfel
½ TL grobes Meersalz
⅛ TL frisch gemahlener schwarzer Pfeffer

1. Den Grill für direkte mittlere Hitze (175–230 °C) vorbereiten (siehe Seite 12–13).

2. Die Maiskolben rundherum mit 1 EL Öl bestreichen.

3. Den Grillrost mit der Bürste säubern. Die Maiskolben bei geschlossenem Deckel über **direkter mittlerer Hitze** 10–15 Min. grillen, bis sie stellenweise gebräunt und die Körner weich sind, dabei gelegentlich wenden. Vom Grill nehmen und abkühlen lassen.

4. Die Körner über einer Schüssel von den Maiskolben schneiden. Die restlichen 2 EL Öl und die anderen Zutaten zu den Maiskörnern geben, anschließend alles sorgfältig mischen. Den Salat etwas abkühlen lassen und servieren.

FÜR 6–8 PERSONEN

MAISKOLBEN MEXIKANISCH

VORBEREITUNGSZEIT: 10 Min.
GRILLZEIT: 10–15 Min.

6 Maiskolben, ohne Hüllblätter
1 EL Öl
100 g Mayonnaise
½ TL Chilipulver (Gewürzmischung)
½ TL grobes Meersalz
100 g fester Frischkäse aus Kuh- oder Schafsmilch, zerbröckelt

1. Den Grill für direkte mittlere Hitze (175–230 °C) vorbereiten (siehe Seite 12–13).

2. Die Maiskolben rundherum mit dem Öl bestreichen. Die Mayonnaise in einer kleinen Schüssel mit Chilipulver und Salz verrühren.

3. Den Grillrost mit der Bürste säubern. Die Maiskolben bei geschlossenem Deckel über **direkter mittlerer Hitze** 10–15 Min. grillen, bis sie stellenweise gebräunt und die Körner weich sind, dabei gelegentlich wenden. Die Kolben vom Grill nehmen, mit der Mayonnaise bestreichen und mit dem Käse bestreuen. Sofort servieren.

FÜR 6 PERSONEN

GRÜNE BOHNEN MIT INGWERBUTTER

VORBEREITUNGSZEIT: 20 Min.

2 EL weiche Butter
½ TL grobes Meersalz
1 EL frisch geriebener Ingwer
500 g grüne Bohnen

1. Die Butter in einer kleinen Schüssel mit Salz und Ingwer mischen.

2. Reichlich Wasser in einem großen Topf aufkochen lassen und salzen. Die Bohnen hineingeben. Das Wasser erneut aufkochen, dann die Bohnen bei mittlerer Hitze unter gelegentlichem Rühren 3 Min. köcheln lassen. Die Bohnen in ein Sieb abgießen, abtropfen lassen und in eine Servierschüssel füllen.

3. Die Ingwerbutter zu den Bohnen geben und untermischen. Die Bohnen sofort servieren.

FÜR 6 PERSONEN

GEGRILLTE GRÜNE BOHNEN MIT SENF-VINAIGRETTE

VORBEREITUNGSZEIT: 15 Min.
GRILLZEIT: 5–7 Min.
ZUBEHÖR: gelochte Grillpfanne

Für die Vinaigrette
1½ EL Balsamico bianco
1½ EL körniger Senf
½ TL grobes Meersalz
¼ TL frisch gemahlener schwarzer Pfeffer
125 ml Olivenöl

750 g grüne Bohnen

1. Den Grill für direkte mittlere Hitze (175–230 °C) vorbereiten (siehe Seite 12–13) und die Grillpfanne auf dem Grill vorheizen.

2. Den Essig in einer kleinen Schüssel mit Senf, Salz und Pfeffer verquirlen. Nach und nach das Öl unterschlagen, bis eine cremige Vinaigrette entstanden ist.

3. Die Bohnen in einer großen Schüssel mit 2 EL Vinaigrette mischen.

4. Die Bohnen nebeneinander in die Grillpfanne legen. Bei geschlossenem Deckel über *direkter mittlerer Hitze* 5–7 Min. grillen, bis sie noch bissfest, aber schon stellenweise gebräunt sind, dabei gelegentlich wenden. Die Bohnen auf eine Servierplatte geben und mit etwas Vinaigrette beträufeln. Heiß oder warm mit der restlichen Vinaigrette ervieren.

FÜR 6 PERSONEN

Beilagen

RIESENCHAMPIGNONS IN SOJA-INGWER-MARINADE

VORBEREITUNGSZEIT: 10 Min.
GRILLZEIT: 10–15 Min.

Für die Marinade

4 EL Sojasauce
2 EL frisch geriebener Ingwer
2 EL Rapsöl
2 TL geröstetes Sesamöl

4 Riesenchampignons (Portobellos; je etwa 12 cm Ø), Stiele und Lamellen entfernt

1. Die Zutaten für die Marinade in einer kleinen Schüssel verquirlen.

2. Die Pilzhüte auf einen großen Teller legen und auf beiden Seiten großzügig mit der Marinade bestreichen. Bei Raumtemperatur 15–30 Min. durchziehen lassen.

3. Den Grill für direkte mittlere Hitze (175–230 °C) vorbereiten (siehe Seite 12–13).

4. Den Grillrost mit der Bürste säubern. Die Pilzhüte mit den runden Seiten nach unten über *direkte mittlere Hitze* legen und bei geschlossenem Deckel 10–15 Min. grillen, bis sie weich sind, dabei einmal wenden. Vom Grill nehmen und sofort oder etwas abgekühlt servieren.

FÜR 4 PERSONEN

AUBERGINE IN MISO-MARINADE

VORBEREITUNGSZEIT: 10 Min.
MARINIERZEIT: 1–2 Std.
GRILLZEIT: 8–10 Min.

Für die Marinade

75 ml Reisweinessig
3 EL weiße Misopaste (Shiro-Miso)
1 EL Rapsöl
1 EL geröstetes Sesamöl
2 TL gehackter Knoblauch
¼ TL grobes Meersalz

1 Aubergine (etwa 750 g), quer in 1–1,5 cm dicke Scheiben geschnitten

1. Die Zutaten für die Marinade in einer kleinen Schüssel verrühren. Die Auberginenscheiben in einen großen verschließbaren Gefrierbeutel geben. Die Marinade dazugießen. Die Luft aus dem Beutel drücken. Den Beutel fest verschließen und drehen und wenden, damit die Marinade sich verteilt, dann in eine Schüssel legen und für 1–2 Std. kalt stellen, dabei gelegentlich wenden.

2. Den Grill für direkte mittlere Hitze (175–230 °C) vorbereiten (siehe Seite 12–13).

3. Den Grillrost mit der Bürste säubern. Die Auberginenscheiben aus dem Beutel nehmen; die Marinade wegschütten. Die Scheiben bei geschlossenem Deckel über *direkter mittlerer Hitze* 8–10 Min. grillen, bis sie weich sind und Farbe angenommen haben, dabei ein- bis zweimal wenden. Vom Grill nehmen und sofort oder etwas abgekühlt servieren.

FÜR 4 PERSONEN

GEGRILLTER GRÜNER SPARGEL MIT PARMESAN

VORBEREITUNGSZEIT: 10 Min.
GRILLZEIT: 6–8 Min.

Für die Vinaigrette

2 EL Champagneressig
1 TL Dijon-Senf
¼ TL grobes Meersalz
⅛ TL frisch gemahlener schwarzer Pfeffer
75 ml Olivenöl

750 g grüner Spargel
3 EL frisch geriebener Parmesan

1. Den Grill für direkte mittlere Hitze (175–230 °C) vorbereiten (siehe Seite 12–13).

2. Den Essig in einer kleinen Schüssel mit Senf, Salz und Pfeffer verquirlen. Nach und nach das Öl unterschlagen, bis eine cremige Vinaigrette entstanden ist.

3. Von den Spargelstangen die unteren holzigen Enden abbrechen (etwa das untere Drittel der Stangen). Den Spargel und 1 EL Vinaigrette in einen großen Teller geben und die Spargelstangen darin wenden.

4. Den Grillrost mit der Bürste säubern. Den Spargel bei geschlossenem Deckel über *direkter mittlerer Hitze* 6–8 Min. grillen, bis die Stangen noch bissfest, aber schon stellenweise gebräunt sind, dabei ein- bis zweimal wenden. Auf eine Platte legen und etwas Vinaigrette darüberschöpfen. Mit Käse bestreuen und heiß oder etwas abgekühlt mit der restlichen Vinaigrette servieren.

FÜR 4 PERSONEN

TIPP!

Wählen Sie dicke, feste Spargelstangen mit grünen oder leicht violetten Köpfen. Ausgetrocknete Schnittstellen an den Enden können ein Hinweis darauf sein, dass die Stangen ein paar Tage alt sind.

SALAT AUS GEGRILLTEN KARTOFFELN MIT TOMATEN, MAIS UND SCHAFSKÄSE

VORBEREITUNGSZEIT: 15 Min.
GRILLZEIT: 14–16 Min.
ZUBEHÖR: gelochte Grillpfanne

Olivenöl
grobes Meersalz
1 EL gehackter frischer Thymian
¼ TL frisch gemahlener schwarzer Pfeffer
1 kg kleine rotschalige Kartoffeln,
   sauber gebürstet
300 g Datteltomaten
2 Maiskolben, ohne Hüllblätter

Für das Dressing

4 EL Rotweinessig
50 g Mayonnaise
1 EL Dijon-Senf

125 g Schafskäse (z. B. Feta), zerbröckelt

1. Den Grill für direkte mittlere Hitze (175–230 °C) vorbereiten (siehe Seite 12–13).

2. In einer großen Schüssel 2 EL Öl mit ½ TL Salz, dem Thymian und dem Pfeffer verquirlen. Die Kartoffeln dazugeben und darin wenden. Die Tomaten in einer kleinen Schüssel mit 2 TL Öl mischen. Die Maiskolben rundherum mit Öl bestreichen.

3. Die Zutaten für das Dressing in einem Schälchen mit 50 ml Öl und ¼ TL Salz verquirlen.

4. Den Grillrost mit der Bürste säubern. Die Kartoffeln aus dem Öl heben (die Schüssel mit dem Öl beiseitestellen) und mit dem Mais bei geschlossenem Deckel über *direkter mittlerer Hitze* grillen, bis die Kartoffeln goldbraun und weich, die Kolben stellenweise gebräunt und die Maiskörner ebenfalls weich sind, dabei gelegentlich wenden; die Kartoffeln brauchen 14–16 Min., der Mais 10–15 Min. Gleichzeitig die Tomaten in der Grillpfanne über *direkter mittlerer Hitze* etwa 5 Min. grillen, bis sie weich werden, dabei ein- bis zweimal wenden. Alles vom Grill nehmen.

5. Die Kartoffeln in mundgerechte Stücke schneiden. Die Maiskörner von den Kolben schneiden. Kartoffeln, Mais, Tomaten und Käse in die Schüssel mit dem Kräuteröl geben. Das Dressing hinzufügen und behutsam unterheben. Den Salat sofort servieren.

FÜR 8 PERSONEN

BAMBERGER HÖRNCHEN MIT MEERSALZ UND THYMIAN

VORBEREITUNGSZEIT: 5 Min.
GRILLZEIT: 20–25 Min.

1 kg Bamberger Hörnchen (längliche Kartoffeln aus Franken), sauber gebürstet
2 EL Olivenöl
2 EL gehackter frischer Thymian
½ TL grobes Meersalz
½ TL frisch gemahlener schwarzer Pfeffer

1. Den Grill für direkte mittlere Hitze (175–230 °C) vorbereiten (siehe Seite 12–13).

2. Die Kartoffeln jeweils zweimal mit einer Gabel einstechen. Mit dem Öl sowie Thymian, Salz und Pfeffer in eine Schüssel geben und alles mischen. Ein Stück Alufolie (etwa 30 x 60 cm) ausbreiten und die Mischung auf eine Folienhälfte häufen. Die freie Folie darüberschlagen und die offenen Ränder fest zusammenfalten, damit ein geschlossenes Päckchen entsteht.

3. Den Grillrost mit der Bürste säubern. Das Päckchen über *direkte mittlere Hitze* legen und die Kartoffeln bei geschlossenem Deckel in 20–25 Min. weich garen, dabei das Päckchen einmal wenden. Vom Grill nehmen. Die Kartoffeln sofort oder etwas abgekühlt servieren.

FÜR 6–8 PERSONEN

PASTASALAT MIT BROKKOLI, PAPRIKA UND PESTO

VORBEREITUNGSZEIT: 10 Min.
GRILLZEIT: 6–8 Min.
ZUBEHÖR: gelochte Grillpfanne

500 g Rotelle (radförmige Pasta)
½ TL grobes Meersalz
200 g Pesto (z. B. Basilikum- oder Tomatenpesto)
1 rote und 1 gelbe große Paprikaschote, in mundgerechte Stücke geschnitten
250 g Brokkoli, in Röschen zerteilt
3 EL Olivenöl
¼ TL frisch gemahlener schwarzer Pfeffer

1. Den Grill für direkte mittlere Hitze (175–230 °C) vorbereiten (siehe Seite 12–13).

2. Die Pasta in reichlich sprudelnd kochendem Salzwasser nach Packungsangabe bissfest garen. In einem Sieb gießen, abtropfen lassen und in einer großen Schüssel mit dem Pesto verrühren. Zugedeckt warm halten.

3. Das Gemüse mit Öl, Salz und Pfeffer in einer Schüssel mischen. Anschließend mit einer Zange aus der Schüssel heben; überschüssiges Öl über der Schüssel abschütteln. Das Gemüse nebeneinander in die Grillpfanne legen und bei geschlossenem Deckel über *direkter mittlerer Hitze* in 6–8 Min. bissfest garen, dabei gelegentlich wenden. Vom Grill nehmen und in die Schüssel mit der Pasta geben. Den Salat mischen, sofort oder etwas abgekühlt servieren.

FÜR 8 PERSONEN

Beilagen

KRÄUTERWÜRZIGE ZUCCHINISPIESSE

VORBEREITUNGSZEIT: 15 Min.
GRILLZEIT: 3–5 Min.
ZUBEHÖR: Metall- oder Holzspieße
(Holzspieße mind. 30 Min. gewässert)

2 EL Olivenöl
2 EL fein gehacktes Basilikum
1 EL fein gehackter Oregano
1 TL fein gehackter Rosmarin
½ TL grobes Meersalz
¼ TL frisch gemahlener schwarzer Pfeffer

2 grüne Zucchini, in 2–3 cm dicke Scheiben
geschnitten
2 gelbe Zucchini, in 2–3 cm dicke Scheiben
geschnitten

1. Den Grill für direkte mittlere Hitze (175–230 ºC) vorbereiten (siehe Seite 12–13).

2. Das Öl in einer Schüssel mit Kräutern, Salz und Pfeffer verquirlen. Die Zucchini hinzufügen und unterrühren.

3. Gelbe und grüne Zucchinischeiben abwechselnd quer (durch die Schale, nicht durch die Schnittflächen) auf die Spieße stecken.

4. Den Grillrost mit der Bürste säubern. Die Spieße über *direkte mittlere Hitze* legen und die Zucchini bei geschlossenem Deckel 3–5 Min. grillen, bis sie gar, aber noch knackig sind. Sofort oder etwas abgekühlt servieren.

FÜR 4 PERSONEN

TIPP!

Damit die Zucchinischeiben gleichmäßig garen und attraktive Grillstreifen bekommen, müssen alle gleich dick sein.

GEGRILLTE ZUCCHINI

VORBEREITUNGSZEIT: 10 Min.
GRILLZEIT: 3–5 Min.

4 kleine Zucchini (etwa 500 g), geputzt, längs
in 1–1,5 cm dicke Scheiben geschnitten
3 EL Olivenöl
grobes Meersalz
frisch gemahlener schwarzer Pfeffer
2 EL Zitronensaft
2 EL gehackte frische Minze

1. Den Grill für direkte mittlere Hitze (175–230 °C)
vorbereiten (siehe Seite 12-13).

2. Die Zucchinistreifen in einem tiefen Teller in
1 EL Öl wenden, salzen und pfeffern.

3. Den Grillrost mit der Bürste säubern. Die
Zucchinistreifen bei geschlossenem Deckel über
direkter mittlerer Hitze 3–5 Min. grillen, bis sie
weich und gebräunt sind, dabei einmal wenden.
Auf eine Servierplatte legen und mit den restlichen 2 EL Öl und dem Zitronensaft beträufeln.
Mit der Minze bestreuen und sofort oder etwas
abgekühlt servieren.

FÜR 4 PERSONEN

MÖHREN IN SÜSS-SCHARFER MARINADE

VORBEREITUNGSZEIT: 15 Min.

500 g Möhren, geschält und schräg in etwa
1 cm dicke Scheiben geschnitten
250 ml Reisessig
250 ml Apfelsaft
1 Chilischote (vorzugsweise Jalapeño),
in etwa 1 cm dicke Ringe geschnitten
2 Knoblauchzehen, zerdrückt
1 EL Honig
½ TL grobes Meersalz

1. Die Zutaten in einem kleinen Topf mischen.
Bei starker Hitze aufkochen, dann bei schwacher
Hitze etwa 7 Min. köcheln lassen.

2. Die Möhrenmischung zum Abkühlen in eine
Schüssel füllen (sie hält sich im Kühlschrank bis
zu einer Woche). Etwas abgekühlt servieren.

FÜR 8 PERSONEN

Beilagen

KICHERERBSENSALAT MIT CURRY

VORBEREITUNGSZEIT: 15 Min.

2 Dosen Kichererbsen (je 400 g)
50 g griechischer Sahnejoghurt
2 EL Limettensaft
2 EL Olivenöl
2 TL Currypulver
1 TL gemahlener Kreuzkümmel
½ TL grobes Meersalz
4 kleine Selleriestangen, in dünne Scheiben geschnitten
5 EL gehackte Frühlingszwiebeln
3 EL fein gehacktes Koriandergrün

1. Die Kichererbsen abgießen, abspülen und abtropfen lassen. Mit Joghurt, Saft, Öl, Curry, Kreuzkümmel und Salz mischen, die restlichen Zutaten unterheben. Sofort servieren.

FÜR 6 PERSONEN

WARMER GRÜNKOHLSALAT MIT WEISSEN BOHNEN

VORBEREITUNGSZEIT: 15 Min.

35 g Pinienkerne
2 EL Olivenöl
1 große Knoblauchzehe, fein gewürfelt
1 große Schalotte, in dünne Ringe geschnitten
250 g Grünkohl, grob gehackt
½ TL grobes Meersalz
⅛ TL frisch gemahlener schwarzer Pfeffer
1 Dose Cannellini-Bohnen (400 g)
2 EL Sherry-Essig

1. Die Pinienkerne in einer großen Pfanne ohne Fett bei mittlerer Hitze in etwa 2 Min. goldbraun rösten, die Pfanne dabei gelegentlich schwenken. Zum Abkühlen auf einen Teller geben.

2. In der Pfanne 1 EL Öl erhitzen. Die Schalottenringe und den Knoblauch darin bei mittlerer Hitze in 2–3 Min. unter häufigem Rühren glasig dünsten. Den Grünkohl hinzufügen, mit Salz und Pfeffer würzen und in etwa 2 Min. unter Rühren zusammenfallen lassen.

3. Die Bohnen in ein Sieb gießen, abspülen und abtropfen lassen. Mit dem Essig und 1 EL Öl zum Grünkohl geben und unter gelegentlichem Rühren 2 Min. erwärmen. Sofort servieren.

FÜR 4–6 PERSONEN

KRAUTSALAT MIT MEERRETTICH UND MOHN

VORBEREITUNGSZEIT: 20 Min.
KÜHLZEIT: 1 Std.

Für das Dressing

1½ EL Zucker
2 TL Mehl
2 TL Senfpulver
1 TL grobes Meersalz
⅛ TL Cayennepfeffer
175 ml Apfelessig
150 g Crème fraîche
2 Eigelb (Größe L), leicht verquirlt
1½ EL Tafelmeerrettich
1½ EL Mohnsamen

500 g Weißkohl, ohne Strunk in feine Streifen geschnitten oder gehobelt
1 Möhre, geraspelt
3 Frühlingszwiebeln, fein gehackt

1. Den Zucker in einer hitzebeständigen Schüssel mit Mehl, Senfpulver, Salz und Cayennepfeffer mischen. In einem kleinen Topf den Essig bei starker Hitze mit der Crème fraîche verrühren und aufkochen lassen (Vorsicht, die Mischung kocht leicht über), dann mit einem Schneebesen unter die Mehlmischung rühren. Die Schüssel auf einen Topf mit köchelndem Wasser setzen. Die Eigelbe unter die Mehl-Crème-fraîche-Mischung schlagen und 3–4 Min. weiterschlagen, bis die Masse etwas andickt und einen Löffelrücken, den man hineinhält und wieder herausnimmt, überzieht. Vom Herd nehmen, Meerrettich und Mohn unterrühren. Das Dressing auf Raumtemperatur abkühlen lassen, dann zudecken und etwa 1 Std. kalt stellen.

2. Den Kohl in einer großen Schüssel mit Möhre und Frühlingszwiebeln mischen. Das Dressing untermischen. Den Salat sofort servieren.

FÜR 6–8 PERSONEN

TIPP!

Das Dressing für diesen Salat wird so wunderbar cremig, weil es mit Eigelb und Crème fraîche zubereitet wird. Wegen der frischen Dotter darf es nicht lange aufbewahrt werden. Deshalb den angemachten Salat noch am selben Tag servieren.

Beilagen

MEDITERRANER BROTSALAT

VORBEREITUNGSZEIT: 20 Min.
GRILLZEIT: 3–5 Min.
ZUBEHÖR: gelochte Grillpfanne

Für die Vinaigrette
3 EL Aceto balsamico
1 TL gehackter Knoblauch
1 TL Dijon-Senf
½ TL grobes Meersalz
¼ TL frisch gemahlener schwarzer Pfeffer
Olivenöl

250 g knuspriges Weißbrot,
  in 2–3 cm große Würfel geschnitten
Olivenöl
300 g Datteltomaten

1 Dose Artischockenherzen in Lake
  oder Öl (400 g)
250 g Mozzarella, in mundgerechte Stücke
  geschnitten
150 g entsteinte Kalamata-Oliven
20 g grob gehacktes frisches Basilikum

1. Den Grill für direkte mittlere Hitze (175–230 ºC) vorbereiten (siehe Seite 12–13).

2. Für die Vinaigrette den Essig in einer kleinen Schüssel mit Knoblauch, Senf, Salz und Pfeffer verquirlen. 125 ml Olivenöl darunterschlagen, bis die Vinaigrette cremig ist.

3. Die Brotwürfel mit 4 EL Öl in eine Schüssel geben und mit einem großen Löffel mischen, bis sie vom Öl überzogen sind. Die Tomaten mit 2 TL Öl mischen. Die Artischockenherzen in einem Sieb abtropfen lassen.

4. Den Grillrost mit der Bürste säubern. Tomaten und Brotwürfel in einer Schicht in die Grillpfanne geben. Bei geschlossenem Deckel über *direkter mittlerer Hitze* 3–5 Min. grillen, bis die Haut der Tomaten gebräunt und runzelig ist und die Brotwürfel geröstet sind, dabei gelegentlich wenden. In eine große Schüssel füllen. Artischocken, Mozzarella, Oliven sowie Basilikum hinzufügen und alles mischen. Die Vinaigrette einmal aufschlagen und unter den Salat heben. Den Salat sofort servieren.

FÜR 6–8 PERSONEN

BULGURSALAT MIT OLIVEN, KAPERN UND GETROCKNETEN TOMATEN

VORBEREITUNGSZEIT: 15 Min.
QUELLZEIT: 1 Std.

- 300 g Bulgur
- 150 g gehackte entsteinte Kalamata-Oliven
- 4 EL sehr kleine Kapern (Nonpareilles) in Lake, abgetropft
- 50 g Zwiebelwürfel
- 8 getrocknete Tomaten in Öl, abgetropft und fein gehackt
- 4 EL fein gehackte frische Petersilie
- 2 EL Rotweinessig
- 2 EL Olivenöl
- ½ TL grobes Meersalz

1. Den Bulgur in einer Schüssel mit 1 l kochend heißem Wasser übergießen und verrühren. Zudecken und 1 Std. (bzw. nach Packungsangabe) quellen lassen. Überschüssige Flüssigkeit anschließend abgießen.

2. Die restlichen Zutaten zum Bulgur geben und alles mischen. Den Salat sofort servieren.

FÜR 8 PERSONEN

KNOBLAUCH-KRÄUTER-BROT

VORBEREITUNGSZEIT: 15 Min.
GRILLZEIT: 2–3 Min.

Für die Butter

- 100 g weiche Butter
- 2 TL gehackter Knoblauch
- 1½ EL fein gehackter Rosmarin
- ½ TL grobes Meersalz
- ¼ TL frisch gemahlener schwarzer Pfeffer

- 250 g Ciabatta, in 1–1,5 cm dicke Scheiben geschnitten

1. Den Grill für direkte mittlere bis schwache Hitze (etwa 200 ºC) vorbereiten (siehe Seite 12–13).

2. Die Zutaten für die Butter in einer kleinen Schüssel mischen. Die Brotscheiben auf beiden Seiten mit der Butter bestreichen.

3. Den Grillrost mit der Bürste säubern. Die Brotscheiben bei geschlossenem Deckel über *direkter mittlerer bis schwacher Hitze* 2–3 Min. rösten, bis sie schön gebräunt sind, dabei einmal wenden. Falls Flammen hochschlagen, das Brot kurzzeitig über indirekte Hitze legen. Die Brotscheiben vom Grill nehmen und servieren.

FÜR 4–6 PERSONEN

GEGRILLTES BAGUETTE MIT TAPENADE

VORBEREITUNGSZEIT: 15 Min.
GRILLZEIT: etwa 4 Min.
ZUBEHÖR: 4 Metall- oder Holzspieße
(Holzspieße mind. 30 Min. gewässert)

Für die Tapenade

150 g entsteinte Kalamata-Oliven
4 EL gehacktes Basilikum
1 EL sehr kleine Kapern (Nonpareilles)
1 große Knoblauchzehe, gewürfelt
¼ TL frisch gemahlener schwarzer Pfeffer

Olivenöl

300 g feste reife Cocktail- oder Datteltomaten
½ Baguette, in 12 Scheiben geschnitten

1. Den Grill für direkte mittlere Hitze (175–230 ºC) vorbereiten (siehe Seite 12–13).

2. Die Zutaten für die Tapenade mit 2 EL Öl in der Küchenmaschine glatt pürieren.

3. Die Tomaten in einer kleinen Schüssel mit 1 EL Öl mischen. Die Tomaten quer (durch den Stielansatz) auf die Spieße stecken.

4. Die Brotscheiben auf beiden Seiten dünn mit Öl bestreichen.

5. Den Grillrost mit der Bürste säubern. Die Tomaten bei geschlossenem Deckel über *direkter mittlerer Hitze* etwa 4 Min. grillen, bis sie bräunen, dabei ein- bis zweimal wenden. Während der letzten Minute das Brot über *direkter Hitze* mitrösten, dabei einmal wenden. Tomaten und Brot vom Grill nehmen. Die Tomaten halbieren. Die Brotscheiben mit Tapenade bestreichen und mit Tomaten belegen. Sofort servieren.

FÜR 4 PERSONEN

MAISBROT AUS DER PFANNE

VORBEREITUNGSZEIT: 15 Min.
GRILLZEIT: 30–40 Min.
ZUBEHÖR: Gusseisenpfanne (26–30 cm Ø)

Öl

175 g Maismehl
100 g Weizenmehl
5 EL Zucker
1½ TL Backpulver
½ TL grobes Meersalz
¼ TL Speisenatron

250 g saure Sahne
2 Eier (Größe L)
75 g Butter, zerlassen

1. Den Grill für indirekte mittlere Hitze (175–230 °C) vorbereiten.

2. Die Pfanne dünn mit Öl ausfetten.

3. Mais- und Weizenmehl mit Zucker, Backpulver, Salz und Natron in einer großen Schüssel mischen. Die saure Sahne mit den Eiern glatt verquirlen. Die Sahnemischung kurz unter die trockenen Zutaten heben. Die Butter unterrühren und alles zu einer dickflüssigen, glatten Masse verarbeiten. Die Masse in die Pfanne füllen und glatt streichen.

4. Den Grillrost mit der Bürste säubern. Die Pfanne über *indirekte mittlere Hitze* stellen und das Brot bei geschlossenem Deckel 30–40 Min. backen, bis es am Rand gebräunt ist und an einem Holzspieß, den man hineinsticht und wieder herauszieht, kein Teig mehr haftet.

5. Die Pfanne mit Grillhandschuhen vom Grill nehmen. Das Brot mindestens 10 Min. abkühlen lassen, dann in Stücke schneiden und servieren.

FÜR 6–8 PERSONEN

Würzmischungen

Wenn Sie sich unter Würzmischung vor allem exotische Kombinationen zahlloser Kräuter und Gewürze vorstellen, dann vergessen Sie dabei bitte nicht Salz und Pfeffer. Zusammen ergeben sie die wohl beste Würzmischung der Welt, gewissermaßen die Mutter aller Würzmischungen – schließlich bauen fast alle anderen darauf auf.

Für Würzmischungen verwende ich nur naturbelassenes, nicht zu feines Meersalz. Gewöhnliches raffiniertes Tafelsalz schmeckt einfach nicht so rein und salzt intensiver als reines Meersalz – bedenken Sie dies, wenn Sie es anstelle von reinem Meersalz nehmen. Bei Pfeffer bevorzuge ich Tellicherry-Pfefferkörner, selbstverständlich frisch gemahlen oder fein zerstoßen. Reste können Sie in einem (zugedeckten) Schälchen aufbewahren. Auch aus der Mühle schmeckt dieser Pfeffer deutlich besser als der bereits gemahlene aus dem Streuer.

Die Rezepte auf den folgenden Seiten sollen Ihre Kreativität und Ihren Geschmackssinn anregen. Geben Sie ein wenig mehr von dieser, etwas weniger von jener Zutat dazu, und verwenden Sie die Mischungen einmal vor, einmal nach dem Garen. So erleben Sie eine ganze Palette von Aromen, denn mitgegarte Gewürze entwickeln dunkle Röstnoten, nicht mitgegarte schmecken klarer und sind dominanter.

AUF DIE FRISCHE KOMMT ES AN

Mit der Zeit nimmt bei Gewürzen und getrockneten Kräutern der Gehalt an ätherischen Ölen ab. Ergebnis: Sie schmecken flacher. Kaufen Sie deshalb Gewürze möglichst in Läden, wo die Ware nicht zu lange lagert, da sie schnell verkauft wird, und greifen Sie zu kleinen Behältern mit fest schließenden Deckeln. Die Gewürze darin sind meist frischer als lose verkaufte, weil letztere stärker der Luft (und damit der Oxidation) ausgesetzt sind. Lagern Sie die Behälter kühl und lichtgeschützt, aber nicht im Kühlschrank oder gar im Tiefkühlgerät. Werden sie ständig aus der Kälte in die Wärme und wieder zurück befördert, bildet sich in den Dosen Kondenswasser, das die Gewürze ruiniert. Richtig gelagerte Gewürze halten ihr Aroma für etwa sechs Monate, aber nicht viel länger.

WÜRZMISCHUNGEN FÜR SEAFOOD

Veracruz-Gewürz
ERGIBT: etwa 1½ EL

> 1 TL Cayennepfeffer
> 1 TL Paprikapulver
> 1 TL grobes Meersalz
> ½ TL gemahlener Kreuzkümmel
> ½ TL getrockneter Oregano
> ¼ TL frisch gemahlener schwarzer Pfeffer

New-Orleans-Gewürz

ERGIBT: etwa 2½ EL

1 EL geräuchertes Paprikapulver
1 TL Knoblauchgranulat
1 TL Zwiebelgranulat
1 TL getrockneter Oregano
1 TL getrockneter Thymian
1 TL grobes Meersalz
¼ TL Cayennepfeffer

Karibische Würzmischung

ERGIBT: etwa 2½ EL

2 TL Currypulver
1 TL gemahlener Piment
1 TL gemahlener Kreuzkümmel
1 TL frisch gemahlener schwarzer Pfeffer
1 TL grobes Meersalz
¼ TL frisch geriebene Muskatnuss

Fünf-Gewürze-Mischung

ERGIBT: etwa 2¼ TL

1 TL grobes Meersalz
½ TL frisch gemahlener schwarzer Pfeffer
½ TL Senfpulver
¼ TL gemahlener Piment
⅛ TL chinesisches Fünf-Gewürze-Pulver

Garam Masala

ERGIBT: etwa 2 EL

2 TL gemahlene Fenchelsamen
1 TL gemahlener Kümmel
1 TL grobes Meersalz
½ TL gemahlener Zimt
½ TL frisch gemahlener schwarzer Pfeffer
¼ TL gemahlene Gewürznelke
¼ TL gemahlener Kardamom

Provenzalische Würzmischung

ERGIBT: etwa 1½ EL

2 TL Kräuter der Provence
1 TL Selleriesamen
½ TL grobes Meersalz
¼ TL Zwiebelgranulat
¼ TL frisch gemahlener Pfeffer

Baja-Fischgewürz

ERGIBT: etwa 4 TL

1 TL Cayennepfeffer
1 TL gemahlener Kreuzkümmel
1 TL grobes Meersalz
½ TL Cayennepfeffer
½ TL gemahlener Zimt

Zwiebel-Dill-Mischung

ERGIBT: etwa 1 EL

1 TL Zwiebelgranulat
1 TL fein gehackter Dill
½ TL grobes Meersalz
¼ TL frisch gemahlener schwarzer Pfeffer

Marinaden

Eine Marinade macht jede Art von Fisch oder Meeresfrüchten interessanter. Sie dringt schnell ein, unterstreicht den Eigengeschmack des Grillguts und sorgt für eine gewisse Tiefe, die mageren Fischen und Meeresfrüchten oft fehlt.

EIGENE MARINADEN HERSTELLEN

Die einfachste Marinade besteht aus einer säurehaltigen Flüssigkeit und Öl. Die Flüssigkeit kann Zitrussaft oder ein beliebiger Essig sein. Die Säure hebt den Eigengeschmack der Meeresfrüchte hervor, und sie steuert natürlich ihr eigenes Aroma bei. Dem zugefügten Öl – das kann geschmacksneutrales Rapsöl, ein fruchtiges natives Olivenöl oder etwas Besonderes wie Walnussöl sein – nimmt es die Schwere. Fisch und Meeresfrüchte brauchen zum Grillen irgendeine Art von Fett, damit sie nicht am Rost haften und verbrennen; das Öl in der Marinade erfüllt diesen Zweck und bringt zudem zusätzliche Geschmacksnoten ins Spiel. Falls Ihnen das nicht genügt, geben Sie dazu, was Ihnen gefällt. Salz und Pfeffer sind geradezu unverzichtbar. Weitere Zutaten könnten getrocknete oder frische Kräuter, fein gehackter Knoblauch oder Ingwer, Tabasco, Sojasauce, Senf und etwas Süßes, z. B. Honig, sein. Seien Sie aber bei süßen Elementen zurückhaltend, sie verbrennen schnell und lassen Fisch und Meeresfrüchte verkohlen.

WIE LANGE SOLL DIE MARINADE EINWIRKEN?

15–30 MIN.	Kleine Meeresfrüchte wie Garnelen und Jakobsmuscheln
30–60 MIN.	Fischfilets, z. B. von Lachs oder Heilbutt
1–2 STD.	Ganze Fische, beispielsweise Wolfsbarsch oder Forelle

TIPPS

Verwenden Sie für säurehaltige Marinaden säurebeständige Gefäße, beispielsweise aus Glas, Kunststoff, Edelstahl oder Porzellan. Aluminium und andere Metalle außer Edelstahl reagieren mit Säuren und können einen metallischen Geschmack abgeben. Praktisch sind verschließbare Gefrierbeutel. Diese kann man ganz einfach drehen und wenden, um die Marinade zu verteilen. Eine hohe Auflaufform eignet sich ebenfalls. Bepinseln Sie Fisch oder Meeresfrüchte darin rundherum mit der Marinade.

Bevor Fisch bzw. Meeresfrüchte auf den Grill gelegt werden, das überschüssige Öl abtropfen lassen. Würde es in die Glut gelangen, könnten Flammen hochschlagen.

Sollte die Zeit einmal knapp sein, verwenden Sie einfach ein »Italian Dressing« aus der Flasche. Es enthält alles, was eine Marinade braucht: Säure, Öl und Gewürze.

MARINADEN FÜR SEAFOOD

Mongolische Marinade
ERGIBT: etwa 300 ml

125 ml Hoisin-Sauce
2 EL Austernsauce
2 EL Sojasauce
2 EL trockener Sherry
2 EL Reisessig
2 EL Rapsöl
1 EL Honig
1 EL frisch geriebener Ingwer
1 EL fein gehackter Knoblauch
½ TL Chiliflocken (nach Belieben)

Barcelona-Marinade
ERGIBT: etwa 175 g

5 Frühlingszwiebeln, in 2–3 cm lange
   Stücke geschnitten
40 g Basilikumblätter
3 große Knoblauchzehen
2 Chilischoten (vorzugsweise Serrano),
   grob gehackt
50 ml Olivenöl
2 EL Sherry-Essig
1 TL grobes Meersalz
½ TL frisch gemahlener schwarzer Pfeffer

Alle Zutaten in der Küchenmaschine oder
im Mixer in 1–2 Min. zu einer Paste verarbeiten.

Koriander-Pesto
ERGIBT: etwa 200 g

2 Knoblauchzehen
2 EL grob gehackte Walnusskerne
75 g Koriandergrün (Blätter und
   zarte Stängel)
20 g Petersilie (Blätter und
   zarte Stängel)
½ TL grobes Meersalz
¼ TL frisch gemahlener schwarzer Pfeffer
50–75 ml Olivenöl

Die Knoblauchzehen schälen und mit den Nüssen in der Küchenmaschine fein zerkleinern. Koriandergrün, Petersilie, Salz und Pfeffer hinzufügen und fein hacken. Bei laufendem Motor das Öl dazugießen, bis eine Paste entstanden ist.

Chinesische Hoisin-Marinade
ERGIBT: etwa 175 ml

125 ml Hoisin-Sauce
2 EL Rotweinessig
1 EL Rapsöl
2 TL fein gehackter Knoblauch
1 TL frisch geriebener Ingwer
1 TL Tabasco (nach Belieben)
1 TL geröstetes Sesamöl

Alle Zutaten in eine Schüssel geben und mit einem Schneebesen verschlagen.

Marinaden

Thai-Marinade
ERGIBT: etwa 300 ml

25 g Koriandergrün (Blätter und
   zarte Stängel)
4 EL Minzeblätter
3 Knoblauchzehen
2 EL frisch grob gehackter Ingwer
2 EL Reisessig
2 EL Öl
2 TL Zucker
1 TL rote Thai-Currypaste
¼ TL grobes Meersalz

Die Zutaten in die Küchenmaschine geben und
zu einer nicht zu glatten Paste verarbeiten.

Orangen-Limetten-Marinade
ERGIBT: etwa 300 ml

abgeriebene Schale von 2 Bio-Orangen
125 ml Orangensaft
75 ml Olivenöl
2 EL Limettensaft
1 EL fein gehackter Knoblauch
1 TL gemahlene Fenchelsamen
1 TL grobes Meersalz
½ TL Cayennepfeffer

Die Zutaten in einer Schüssel verquirlen.

Karibische Zitrus-Marinade
ERGIBT: etwa 350 ml

2 TL abgeriebene Schale von 1 Bio-Orange
125 ml Orangensaft
1 TL abgeriebene Schale von 1 Bio-Limette
50 ml Limettensaft
50 ml Olivenöl
4 EL Cayennepfeffer
1½ EL fein gehackter Knoblauch
1½ TL gemahlener Koriander
1 TL fein gehackte Jalapeño-Chilischote
¾ TL gemahlener Piment
¾ TL frisch gemahlener schwarzer Pfeffer
¼ TL Cayennepfeffer

Die Zutaten in einer Schüssel verquirlen.

Koriander-Zwiebel-Marinade
ERGIBT: etwa 350 ml

1 Zwiebel, grob gewürfelt
25 g Koriandergrün
2 EL Öl
2 EL Limettensaft
1 Jalapeño-Chilischote, entkernt und
   grob zerkleinert
1 EL fein gehackter Knoblauch
1½ TL grobes Meersalz
1 TL gemahlener Kreuzkümmel

Die Zutaten in der Küchenmaschine zu einer
glatten Paste verarbeiten.

Saucen

Saucen bieten fast unerschöpfliche Möglichkeiten, Gerichte zu ergänzen und zu verfeinern, u. a. bei Gegrilltem. Wenn Sie einmal herausgefunden haben, wie Sie die richtige Konsistenz erreichen und welche Gewürze perfekt harmonieren, dann können Sie bald Ihre eigenen Saucen kreieren. Die folgenden Saucen passen besonders gut zu Fisch und Meeresfrüchten.

SAUCEN FÜR SEAFOOD

Basilikum-Rucola-Pesto
ERGIBT etwa 150 g

30 g Rucola
20 g Basilikumblätter
2 EL grob gehackte geröstete Walnusskerne
1 Knoblauchzehe
½ TL abgeriebene Schale von 1 Bio-Zitrone
50–75 ml Olivenöl
grobes Meersalz
frisch gemahlener schwarzer Pfeffer

Rucola, Basilikum, Nüsse und Knoblauch mit der Zitronenschale in der Küchenmaschine in Intervallen grob zerkleinern. Bei laufendem Motor nach und nach das Öl dazugeben und alles glatt mixen. Das Pesto mit Salz und Pfeffer abschmecken.

Fenchel-Oliven-Tapenade
ERGIBT: etwa 750 g

600 g Fenchel, geputzt und Stängel entfernt
etwa 20 grüne Oliven mit Knoblauchfüllung
abgeriebene Schale von 1 Bio-Orange
2 EL Orangensaft
2 TL grob gehackter frischer Estragon
3 EL Olivenöl
grobes Meersalz
frisch gemahlener schwarzer Pfeffer

1. Den Strunk aus der Fenchelknolle herausschneiden. Die Knolle grob zerkleinern, dann in kochendem Salzwasser 3 Min. garen. In ein Sieb schütten und kalt abschrecken.

2. Den Fenchel in der Küchenmaschine mit Oliven, Orangenschale, Orangensaft, Estragon und Öl in Intervallen grob zerkleinern. Die Tapenade mit Salz und Pfeffer abschmecken.

Chili-Butter
ERGIBT: etwa 125 g

6 EL weiche Butter
2–3 Chipotle-Schoten in Adobo-Sauce (getrocknete, geräucherte Jalapeño-Chilis aus derDose), trockengetupft, entkernt und gehackt
1 TL fein gehackter Knoblauch
½ TL grobes Meersalz

Die Zutaten in einer Schüssel mischen.

Saucen

Thai-Erdnusssauce

ERGIBT: etwa 750 ml

1 EL Öl
1 EL frisch geriebener Ingwer
2 TL fein gehackter Knoblauch
1 Dose Kokosmilch (400 ml)
200 g Erdnusscreme
2 EL Limettensaft
1 EL Fischsauce
2 TL Zucker
1½ TL scharfe Chili-Knoblauch-Sauce
 (z. B. Sriracha)

Das Öl in einem kleinen Topf bei mittlerer
Hitze erwärmen. Ingwer und Knoblauch darin
1 Min. rühren. Die restlichen Zutaten dazugeben
und alles zum Köcheln bringen. Falls nötig, die
Sauce mit bis zu 4 EL warmem Wasser verdünnen. Zudecken und beiseitestellen.

Paprikasauce

ERGIBT: etwa 550 ml

200 g Butter
3 EL trockener Weißwein
1 EL feine Schalottenwürfel
125 g Crème fraîche
200 g Tomatenwürfel
1 TL Paprikapulver

In einem kleinen Topf 1 EL Butter zerlassen. Den
Wein mit den Schalottenwürfeln dazugeben und
bei mittlerer bis starker Hitze fast gänzlich ein-
kochen lassen. Crème fraîche, Tomaten und
Paprikapulver hinzufügen. Die Sauce bei mittle-
rer Hitze etwas einkochen lassen. Die restliche
Butter dazugeben und unter Rühren zerlassen.
Die Sauce vom Herd nehmen; sofort servieren.

Orangen-Ingwer-Sauce

ERGIBT: etwa 200 ml

150 g Orangenmarmelade
2 EL Apfelessig
1 EL Sojasauce
2 TL frisch geriebener Ingwer
⅛ TL frisch gemahlener schwarzer Pfeffer

Die Zutaten in einem kleinen Topf bei mittlerer
Hitze mischen. Alles unter gelegentlichem Rüh-.
ren in 3–4 Min. heiß werden lassen, bis die Sauce
flüssig ist und sprudelnd kocht. Vom Herd nehmen und vor dem Servieren auf Raumtemperatur abkühlen lassen.

Tomatensauce

ERGIBT: etwa 500 ml

500 g Eiertomaten
3 Frühlingszwiebeln, geputzt
1 TL abgeriebene Schale von 1 Bio-Zitrone
2 EL Zitronensaft
1 EL Zucker
1 TL gelbe Senfkörner
1 TL Fenchelsamen
½ TL grobes Meersalz

1 EL fein gehacktes Basilikum oder fein
  gehackte frische Petersilie

1. Den Grill für direkte mittlere Hitze (175–230 °C) vorbereiten (siehe Seite 12–13).

2. Den Grillrost mit der Bürste reinigen. Tomaten und Frühlingszwiebeln bei geschlossenem Deckel über *direkter mittlerer Hitze* grillen, bis die Tomaten Blasen bekommen und die Frühlingszwiebeln gebräunt sind, dabei nach Bedarf wenden. Die Tomaten brauchen etwa 10 Min., die Frühlingszwiebeln 4–5 Min. Das gegrillte Gemüse vom Grill nehmen.

3. Das Gemüse etwas abkühlen lassen, dann die Tomaten häuten, von den Stielansätzen befreien und in etwa 1 cm große Würfel schneiden. Die Frühlingszwiebeln in dünne Ringe schneiden. Die Tomatenwürfel samt ausgetretenem Saft, den Frühlingszwiebeln sowie Zitronenschale und -saft, dem Zucker, den Senf- und Fenchelsamen und Salz in eine große Pfanne geben. Die Sauce bei mittlerer Hitze 5–6 Min. köcheln lassen. Das Basilikum untermischen und die Sauce sofort servieren.

Chili-Avocado-Sauce

ERGIBT: etwa 350 ml

3 Anaheim-Chilischoten (je 12–15 cm lang)
1 Avocado (vorzugsweise Hass)
50 g saure Sahne
50 g Mayonnaise
2 EL grob gehackter frischer Dill
1 große Knoblauchzehe
½ TL grobes Meersalz
¼ TL frisch gemahlener schwarzer Pfeffer

1. Den Grill für direkte mittlere Hitze (175–230 °C) vorbereiten (siehe Seite 12–13).

2. Den Grillrost mit der Bürste säubern. Die Chilischoten bei geschlossenem Deckel über *direkter mittlerer Hitze* 8–12 Min. grillen, bis die Schale schwarz wird und Blasen wirft, dabei gelegentlich wenden. Die Schoten in eine Schüssel legen, mit Frischhaltefolie abdecken und 10 Min. abkühlen lassen. Sobald man sie anfassen kann, die Schoten häuten und Samen und Stiele entfernen. Die Schoten mit den restlichen Zutaten in der Küchenmaschine zu einem glatten Dip pürieren (eventuell etwas Wasser dazugeben). In eine Schüssel füllen und servieren. Die Sauce hält sich ein paar Tage im Kühlschrank.

Grill-Kompass Seafood

WANN IST FISCH GAR?

Fisch ist gar, wenn das Fleisch nicht mehr glasig ist und sich an den Rändern leicht zerpflücken lässt. Während des Garens bzw. Erhitzens denaturieren die Proteine in den Muskelfasern des Fischs. Das festere Kollagen wird dabei zu Gelatine, was dazu führt, dass das Fischfleisch blätterig auseinanderfällt. Im Inneren sollte sich ein Fischfilet bzw. -steak jedoch nicht zerpflücken lassen, denn das ist ein Zeichen dafür, dass es übergart ist. Manche Fischfilets bzw. -steaks, wie von Lachs oder Thunfisch, können in der Mitte noch etwas roh sein. Im Allgemeinen soll die Kerntemperatur zwischen 52 und 54 °C betragen. Für Meeresfrüchte gilt: Muscheln sind gar, wenn die Schalen sich vollständig geöffnet haben. Jakobsmuschelfleisch ist gar, wenn es sich fest anfühlt und nicht mehr glasig ist; Garnelen färben sich rosa.

DEN RICHTIGEN FISCH AUSWÄHLEN

FESTFLEISCHIGE FILETS & STEAKS	MITTELFESTE FILETS & STEAKS	ZARTE FILETS	GANZE FISCHE	MEERES- FRÜCHTE
Kalmar	Heilbutt	Blaufisch	Blaufisch	Austern
Lachs	Mahi Mahi (Dorade)	Forelle	Forelle	Jakobsmuscheln
Schwertfisch	Makrele	Wolfsbarsch	Makrele	Garnelen
Thunfisch	Seebarsch		Red Snapper	Hummer
Zackenbarsch	Seeteufel		Wolfsbarsch	Miesmuscheln
	Red Snapper		Zackenbarsch	Venusmuscheln

FISCH/MEERESFRUCHT	DICKE/GEWICHT	GRILLZEIT
Fischfilet oder -steak: Red Snapper, Rotbarsch, Lachs, Seebarsch, Schwertfisch oder Thunfisch	0,5–1 cm	**3–5 Min.** über direkter starker Hitze
	1–2,5 cm	**5–10 Min.** über direkter starker Hitze
	2,5–3 cm	**10–12 Min.** über direkter starker Hitze
Fisch, ganz	500 g	**15–20 Min.** über indirekter mittlerer Hitze
	1 kg	**20–30 Min.** über indirekter mittlerer Hitze
	1,5 kg	**30–45 Min.** über indirekter mittlerer Hitze
Venusmuscheln (nicht geöffnete Muscheln wegwerfen)	75–100 g	**6–8 Min.** über direkter starker Hitze
Muscheln (nicht geöffnete Muscheln wegwerfen)	50 g	**5–6 Min.** über direkter starker Hitze
Austern	100 g	**2–4 Min.** über direkter starker Hitze
Jakobsmuscheln	50 g	**4–6 Min.** über direkter starker Hitze
Garnelen	50 g	**2–4 Min.** über direkter starker Hitze
Hummerschwänze	200 g	**7–11 Min.** über direkter mittlerer Hitze

Die obigen Angaben (Fischart, Dicke/Gewicht, Grillzeiten) sind Richtlinien, keine festen Regeln. Die tatsächlichen Garzeiten werden durch weitere Faktoren wie Luftdruck, Wind und Außentemperatur beeinflusst. Die wichtigste Faustregel für das Grillen von Fisch lautet: 3–4 Minuten pro Zentimeter Dicke.

Sicherheitshinweise

Lesen Sie unbedingt die Bedienungsanleitung Ihres Grills, und machen Sie sich mit allen Techniken sowie Sicherheitshinweisen vertraut.

Auch die Wartung Ihres Grills ist wichtig (beachten Sie dazu ebenfalls die Hinweise des Herstellers). Jedes Mal, wenn Sie den Grill benutzen, sollten Sie den Grillrost reinigen, und zwar dann, wenn er sehr heiß ist (am besten unmittelbar vor dem Grillen). Bürsten Sie mit einer langstieligen Stahlbürste anhaftende Speisereste oder Roststellen gründlich ab – auch zwischen den einzelnen Streben!

ALLGEMEINE HINWEISE

1. Grills geben große Hitze ab. Der Grill muss daher mindestens 1,5 Meter von brennbaren Materialien, Wänden und Geländern entfernt stehen. Dazu zählen u. a. Holzverkleidungen sowie Holzveranden und -terrassen. Verwenden Sie einen Grill niemals in Innenräumen, unter einem Sonnendach oder einer Pergola.

2. Stellen Sie den Grill immer ebenerdig auf.

3. Verwenden Sie ausgewiesenes Grillwerkzeug mit langen, hitzebeständigen Griffen.

4. Tragen Sie beim Grillen keine losen oder leicht entflammbaren Kleidungsstücke.

5. Lassen Sie Kinder oder Haustiere in der Nähe eines heißen Grills niemals unbeaufsichtigt.

6. Tragen Sie beim Grillen und zum Regulieren der Lüftungsschieber Grillhandschuhe.

SICHERHEIT FÜR DEN GASGRILL

1. Halten Sie den Grillboden und die Auffangschale Ihres Gasgrills sauber und fettfrei. Damit vermeiden Sie nicht nur gefährliche Flammenbildung, sondern halten auch ungebetene Gäste fern.

2. Sollten Flammen hochschlagen, schließen Sie unverzüglich den Deckel und legen Sie, wenn nötig, vorher das Grillgut über indirekte Hitze, bis die Flammenbildung abgeklungen ist. Bei einem Gasgrill Flammen niemals mit Wasser löschen.

3. Kleiden Sie den abgeschrägten Grillboden auf keinen Fall mit Alufolie aus. Sie verhindert, dass herabtropfendes Fett in die Auffangschale laufen kann. Das Fett sammelt sich zudem in den Falten der Folie und wird sich bei der nächstbesten Gelegenheit entzünden.

4. Gasflaschen dürfen keinesfalls in Innenräumen aufbewahrt werden (auch nicht in der Garage).

5. Ein neuer Gasgrill kann bei den ersten Malen heißer werden als üblich. Sobald er innen ein wenig angelaufen ist und Deckel und Grillwanne nicht mehr so stark reflektieren, normalisiert sich die Hitzeentwicklung.

SICHERHEIT FÜR DEN HOLZKOHLEGRILL

1. Holzkohlegrills dürfen nur im Freien verwendet werden. Bei Gebrauch in geschlossenen Räumen sammeln sich gesundheits- und lebensgefährdende Gase an.

2. Geben Sie niemals flüssige Anzünder oder bereits mit Anzünder imprägnierte Holzkohle auf die warme oder heiße Glut.

3. Niemals Benzin, Alkohol oder andere feuergefährliche Flüssigkeiten zum Anzünden von Holzkohle verwenden. Wenn Sie flüssigen Anzünder benutzen, muss sämtliche Flüssigkeit, die sich gegebenenfalls im Kessel angesammelt hat, durch den unteren Lüftungsschieber abgelassen werden, bevor Sie die Holzkohle anzünden.

4. Verwenden Sie Ihren Grill nur mit allen vollständig montierten Teilen, die zudem unversehrt sein müssen. Vergewissern Sie sich auch, dass der Aschefänger korrekt unter dem Kessel befestigt ist.

5. Nehmen Sie den Deckel ab, wenn Sie die Holzkohle anzünden und vorglühen.

6. Breiten Sie die Holzkohle immer auf dem Kohlerost aus, nicht direkt auf dem Boden des Kessels.

7. Stellen Sie den Anzündkamin nicht auf oder neben feuergefährliche Flächen.

8. Berühren Sie nie den Kessel, Grill- oder Holzkohlerost, um zu prüfen, ob sie heiß sind.

9. Hängen Sie den Grilldeckel immer vorschriftsmäßig an der Deckelhalterung auf. Legen Sie einen heißen Deckel nie auf einen Teppich oder ins Gras. Der Grilldeckel darf nicht an die Griffe des Kessels gehängt werden.

10. Um die Glut zu löschen, setzen Sie den Deckel auf, und schließen Sie alle oberen und unteren Lüftungsschieber vollständig. Löschen Sie die Glut niemals mit Wasser, da dies die Emailbeschichtung des Kessels beschädigen könnte.

11. Bekämpfen Sie auflodernde Flammen, indem Sie den Deckel aufsetzen und die oberen Lüftungsschieber zur Hälfte schließen. Auch hier gilt: Niemals mit Wasser löschen!

12. Bedienen und lagern Sie heiße Elektrostarter sehr sorgfältig. Stellen Sie den Starter nie auf oder neben feuergefährliche Flächen.

13. Halten Sie elektrische Kabel von einem heißen Grill fern.

Rezepte-Register

140

Rezepte-Register

Impressum

Weber-Stephen Products Co.:
Mike Kempster Sr., Executive Vice President
Sherry L. Bale, Director, Public Relations

Titel der amerikanischen Originalausgabe:
Weber´s on the Grill.
Seafood ™

Projektleitung: Stefanie Poziombka
Autor: Jamie Purviance
Übersetzung: Regine Brams
Lektorat und Redaktion: Redaktionsbüro Cornelia
Klaeger, München; Adelheid Schmidt-Thomé
Satz: Regina Rechter, München
Gesamtproduktion der deutschen Ausgabe:
Werkstatt München · Buchproduktion
Umschlaggestaltung: independent Medien-Design,
Horst Moser, München
(Umschlag und Innenlayout d. Originalausgabe:
rabble + rouser, inc.)
Herstellung: Anna Bäumer
Reproduktion: Litho Longo AG, Bozen
Druck und Bindung: Printer, Trento

Bildnachweis: Alle Fotos Tim Turner
(Foodstyling Lynn Gagné)

ISBN 978-3-8338-2624-5

1. Auflage 2012

GRÄFE
UND
UNZER

Ein Unternehmen der
GANSKE VERLAGSGRUPPE

Unsere Garantie

Liebe Leserin und lieber Leser,

wir freuen uns, dass Sie sich für ein
GU-Buch entschieden haben. Mit Ihrem
Kauf setzen Sie auf die Qualität, Kompe-
tenz und Aktualität unserer Ratgeber.
Dafür sagen wir Danke! Wir wollen als
führender Ratgeberverlag noch besser
werden. Daher ist uns Ihre Meinung
wichtig. Bitte senden Sie uns Ihre Anre-
gungen, Ihre Kritik oder Ihr Lob zu unseren Büchern. Haben Sie Fragen oder
benötigen Sie weiteren Rat zum Thema?
Wir freuen uns auf Ihre Nachricht!

Wir sind für Sie da!
Montag–Donnerstag:
8.00–18.00 Uhr;
Freitag: 8.00–16.00 Uhr
Tel.: 0180-5 00 50 54*
Fax: 0180-5 01 20 54*
E-Mail:
leserservice@graefe-und-unzer.de

*(0,14 €/Min. aus
dem dt. Festnetz/
Mobilfunkpreise
maximal 0,42 €/Min.)

P.S.: Wollen Sie noch mehr Aktuelles
von GU wissen, dann abonnieren Sie
doch unseren kostenlosen GU-Online-
Newsletter und/oder unsere kostenlosen
Kundenmagazine.

GRÄFE UND UNZER VERLAG
Leserservice
Postfach 86 03 13
81630 München